QUE SABEMOS
SOBRE A BÍBLIA?

ARIEL ÁLVAREZ VALDÉS

QUE SABEMOS SOBRE A BÍBLIA?

IV

SANTUÁRIO

Direção Geral: Pe. Luís Rodrigues Batista, C.Ss.R.
Direção Editorial: Pe. Flávio Cavalca de Castro, C.Ss.R.
Pe. Carlos Eduardo Catalfo, C.Ss.R.
Coordenação Editorial: Elizabeth dos Santos Reis
Copidesque: Luciana Novaes Russi
Coordenação de Revisão: Maria Isabel de Araújo
Revisão: Ana Lúcia de Castro Leite
Diagramação: Alex Luis Siqueira Santos
Capa: Márcio Mathídios

Título original: ¿Qué sabemos de la Biblia? IV
© Editorial LUMEN, Argentina, 1997
ISBN 970-724-496-4

Tradução: Pe. Afonso Paschotte, C.Ss.R.

Dados Internacionais de Catalogação na Publicação (CIP)
(Câmara Brasileira do Livro, SP, Brasil)

Álvarez Valdés, Ariel
   Que sabemos sobre a Bíblia? / Ariel Álvarez Valdés; tradução Afonso Paschotte. – Aparecida, SP: Editora Santuário, 1997.

   Título original: ¿Qué sabemos de la Biblia? IV
   ISBN 85-7200-481-5 (v. 1) – ISBN 85-7200-482-3 (v. 2)
   ISBN 85-7200-483-1 (v. 3) – ISBN 85-7200-595-1 (v. 4)
   ISBN 85-7200-719-9 (v. 5) – ISBN 85-7200-758-X (v. 6)
   ISBN 85-7200-780-6 (v. 7)

   1. Bíblia – Estudo e ensino 2. Bíblia – Leitura I. Título.

97-2253   CDD-220.07

Índices para catálogo sistemático:

1. Bíblia – Estudo e ensino 220.077

7ª reimpressão

Todos os direitos reservados à **EDITORA SANTUÁRIO** — 2014

Composição, CTcP, impressão e acabamento:
EDITORA SANTUÁRIO – Rua Padre Claro Monteiro, 342
12570-000 – Aparecida-SP – Fone: (12) 3104-2000

PRÓLOGO

O estudo científico da Bíblia teve, durante todo o século XX, um desenvolvimento extraordinário e o curso das investigações continua num ritmo cada vez mais acelerado. Uma multidão de estudiosos (exegetas, arqueólogos, historiadores, linguistas) trouxe um incrível acúmulo de conhecimentos, mas os resultados de seus esforços permanecem normalmente registrados em revistas especializadas, em grossos e custosos volumes ou em livros escritos em línguas estrangeiras. Isso abriu uma profunda brecha entre os estudiosos da Bíblia e o crente comum, já que este último, por não ter suficientes recursos intelectuais e econômicos, quase nunca pode ter acesso a esses conhecimentos especializados.

Por isso a utilidade e importância dos trabalhos reunidos pelo Pe. Álvarez Valdés neste pequeno livro. São exposições breves, claras e didáticas, destinadas a esclarecer temas que podem interessar muito (e que muitas vezes inquietam) aos fiéis cristãos e ainda a muitos não crentes.

Esse esforço de divulgação científica presta ainda outro importante serviço. Hoje, muitos crentes (na sua maioria, protestantes, mas também alguns católicos) rejeitam até mesmo as conclusões mais razoáveis e seguras das ciências bíblicas, porque acham que aceitá-las equivaleria negar a inspiração das Escrituras. Essa hermenêutica errônea já foi criticada, em 1948, pela encíclica *Divino Afflante Spiritu*, de Pio XII, e numa época mais recente a Pontifícia Comissão Bíblica considerou oportuno voltar ao tema, devido à sua importância e atualidade. Nesse documento, a Pontifícia Comissão Bíblica valoriza e recomenda insistentemente o recurso às ciências para lograr uma melhor compreensão das Escrituras e põe também sérios reparos a toda tentativa de interpretação fundamentalista. De fato, o fundamentalismo pressupõe, com razão, que cada frase da Escritura deve ser interpretada "literalmente", mas confunde a "interpretação literal" com uma leitura que toma cada detalhe ao pé da letra. A partir desse princípio, exclui-se como contrário ao caráter inspirado dos textos bíblicos o emprego de qualquer método científico e se desqualifica toda compreensão da Bíblia que leve em conta seu desenvolvimento histórico ou o caráter progressivo da revelação.

O Pe. Álvarez Valdés faz ver outro aspecto importante. Uma exegese sadiamente crítica não pode ser prejudicial à fé, porque a fé e a razão não se contradizem. Ambas procedem de Deus que é a fonte primeira de toda a verdade. A revelação divina supera, não poucas vezes, a capacidade humana de compreensão, mas nunca é irracional, nem incoerente. As questões religiosas têm, certamente, um conteúdo emocional, mas implicam muito mais do que simples emoções.

O autor destes livros não pretende dizer coisas novas. Apenas trata de cobrir o "vazio de divulgação" tão notório em nosso meio, expondo com simplicidade temas já tratados de forma mais técnica por especialistas de reconhecida competência.

Mons. Armando J. Levoratti
Revista Bíblica, ano 57
Nueva época n. 59, 1995

O DIABO E O DEMÔNIO SÃO A MESMA COISA?

Uma confusão generalizada

É comum ouvir de pessoas, indistintamente, a expressão "o demônio me tentou" ou "o Diabo me tentou", como se referisse a uma "possessão diabólica" ou a uma "possessão demoníaca", como se as palavras "diabo" e "demônio" fossem sinônimos e não houvesse entre elas diferença alguma. Acredita-se que ambas designam uma mesma realidade, ou seja, um ser pessoal com poderes sobre os homens e com capacidade de tentá-los, de causar enfermidades e até de possuí-los.

Nos Evangelhos, contudo, não é assim. Eles são sumamente cuidadosos no emprego de ambos os termos e jamais os usam de maneira equivalente. Distingem sempre, com toda precisão, entre o mundo dos demônios e o mundo do Diabo.

O que é um demônio?

Toda vez que os Evangelhos se referem a um caso de possessão sempre é demoníaca, ou seja, a pessoa tem um "demônio", está "endemoninhada". Nunca a possessão é atribuída ao Diabo. Em todo o Novo Testamento não há nenhum episódio que fale de "possessão diabólica".

Para os Evangelhos, o que é um demônio? Essa palavra de origem grega (*daimónion*), por ser de gênero neutro (nem masculino, nem feminino) indica que não se trata de uma pessoa, mas de uma coisa. Além disso, não é propriamente um substantivo, mas sim um adjetivo substantivado. Indica, portanto, a personificação de uma entidade abstrata. A mentalidade popular antiga criou esse vocábulo para designar poderes impessoais, potências espirituais ou forças maléficas, capazes de entrar nas pessoas e provocar-lhes enfermidades.

As conquistas da medicina antiga

Nem todas as doenças, no entanto, eram atribuídas aos demônios. Pelos Evangelhos se vê que a medicina da época de Jesus, ainda que muito primitiva, distinguia claramente entre enfermidades "internas" e "externas".

Quando a causa de uma doença era perceptível pelos sentidos e se sabia a causa do sofrimento, não era então atribuída aos demônios ou aos maus espíritos. Não era preciso. Estava claro que a causa da enfermidade era uma ferida externa ou a deterioração de algum membro do corpo.

Por exemplo, nos Evangelhos nunca se chama um leproso de endemoninhado, pois sua enfermidade era evidente: tinha lesões cutâneas, mutilações e deformações faciais. Os cegos também não são considerados como endemoninhados. Qualquer um podia compreender a doença de seus olhos, seja por causa do sol, da areia do deserto ou da falta de higiene. É o caso dos paralíticos, os deficientes físicos ou os coxos. Deles nunca se afirma que estejam possuídos por um demônio. Se não podiam caminhar (Mc 2,3) ou mover as mãos (Mt 12,10), ou se os vissem deformados (Lc 14,2), a causa era conhecida de todos: estavam privados de algum membro ou este se achava prejudicado. O mesmo se pode dizer daqueles que sofriam de hemorragias (Mc 5,25), ou estavam atacados pela febre (Mc 1,29). Nunca estavam endemoninhados.

Podemos chamar todas essas enfermidades de "externas", pois sua causa natural era percebida, localizada e indicada pelos sentidos.

Quando aparece o demônio

Mas, de repente, apresentava-se um homem mudo. Podia comprovar-se que sua boca e sua língua estavam em perfeitas condições, mas surpreendentemente, ele não podia falar. Como era possível tal anomalia? Só podia haver uma explicação: tinha um demônio (Mt 9,32).

Ou aparecia alguém que era surdo. O aspecto externo de suas orelhas era normal, como o de todos. Mas não podia ouvir absolutamente nada. A explicação da época: tem um demônio (Mc 9,25).

O mesmo acontecia com quem sofria de epilepsia. Repentinamente começava a sacudir-se com convulsões, gritar, soltar espuma pela boca, e caía rígido. Contudo, nenhuma causa externa podia apontar-se para explicar tal fenômeno. Somente podia dizer-se que possuía um demônio (Mt 17,14-20). Em casos de loucura ou demência, acontecia algo semelhante. Externamente o doente mental era normal, tendo todo o seu corpo em ordem. Sua conduta, porém, era estranha e desconcertante. Era, portanto, necessário evocar forças desconhecidas para justificá-la: os demônios.

E esclarecem que espécie de demônios

Vemos, assim, como as limitações médicas da época levavam as pessoas a atribuir aos demônios todas as enfermidades cujas causas não eram diretamente perceptíveis pelos sentidos. Nos Evangelhos não se trata, então, de possessões como estamos habituados a entender, no sentido de um ser pessoal que entra dentro de outra pessoa, "possuindo-a" e obrigando-a a tender para o mal, mesmo contra sua vontade. Casos assim de possessão não aparecem nos livros sagrados. Trata-se sempre de enfermidades para as quais a ciência da época não encontrava resposta natural.

A prova de que os endemoninhados eram enfermos e não realmente possuídos, como hoje pensamos, nós a temos nos próprios Evangelhos. Estes esclarecem o tipo de enfermidade que o suposto possuído tinha.

Diz-se, por exemplo, que apresentaram a Jesus "um endemoninhado mudo" (Mt 9,32), ou seja, um mudo. Ou que

Jesus expulsou "um espírito surdo e mudo", isto é, curou a um surdo-mudo. Ou que, depois que curou o endemoninhado de Gerasa, ele ficou "em perfeito juízo" (Mc 5,17). O que indica que antes estava louco. E no caso do jovem endemoninhado que um pai leva até Jesus (Mc 9,14-29), não só esclarece que se trata de um "lunático" (17.25), — termo técnico empregado pelos médicos gregos e romanos daquele tempo para designar os epiléticos — mas também todos os sintomas que Marcos destaca detalhadamente (grita, contorce-se, solta espuma pela boca, permanece rígido, como morto) correspondem exatamente ao diagnóstico da epilepsia.

João e Jesus endemoninhados?

Vemos, pois, que naquela época dava-se o nome de "endemoninhados" a todos os que agiam de forma estranha ou falavam e agiam de maneira incompreensível.

Assim, de João Batista, que pregava no deserto, jejuava e abstinha-se permanentemente de vinho, o povo dizia: "ele é um possesso" (Mt 11,18). João estava endemoninhado no sentido em que hoje entendemos? Claro que não. Simplesmente queriam dizer: "está louco". E quando Jesus, num de seus sermões, sustenta que se alguém escuta sua palavra não morrerá jamais, disseram-lhe: "agora estamos certos de que estás possesso do demônio" (Jo 8,52). Por acaso Jesus tinha sintomas de possessão, gritava e se contorcia? De forma alguma. Para eles tinha soado como absurda a expressão "não morrerá jamais" e chamam-no de "demente".

Outra vez, em Jerusalém, durante um tenso sermão, o Senhor perguntou ao povo: "Por que estão procurando matar-me?" Respondeu a multidão: "Estás possesso do demônio. Quem te quer matar?" (Jo 7,20).

Que os judeus do tempo de Jesus acreditavam que estar louco era sinônimo de estar endemoninhado, fica claro em Jo 10,20, depois de seu discurso sobre o bom pastor. Muitos, ao ouvi-lo comentavam: "está possesso do demônio. Perdeu o juízo". A mesma frase, portanto, coloca ambos os termos como sinônimos, explicando um pelo outro.

A distinção entre estes dois tipos de enfermidades, externas e internas, umas atribuídas a causas naturais e outras a demônios, faz com que, quando Jesus cura as primeiras, o Evangelho fale de "curas", e quando cura as segundas, fale de "expulsões de demônios".

Quem é o Diabo?

A palavra "Diabo", no entanto, se usa para uma realidade totalmente diferente. No Novo Testamento ela aparece sempre como substantivo ou nome próprio e em geral com artigo definido ("o Diabo"). É uma palavra grega (*diábolos*), usada na Bíblia para traduzir o vocábulo hebraico "Satanás", que quer dizer "o adversário", "o inimigo". Portanto, as palavras Diabo e Satanás significam a mesma coisa, uma em língua grega, outra em hebraico.

E embora comumente usemos entre nós o plural diabos, trata-se de um erro, já que para a Bíblia só existe "um" Diabo, do mesmo modo como há apenas um Satanás, nunca "Satanases".

Pois bem, em nenhuma parte da Bíblia e muito menos nos Evangelhos se diz que alguém está possuído pelo Diabo, nem por Satanás. Nunca se lhe atribuem diretamente as enfermidades, nem as possessões. Relacionam-no unicamente ao pecado. O reino de sua influência é moral, psicológico, não físico. Sempre age de fora, nunca de dentro como se supunha que o faziam os demônios.

Por isso vemos o Diabo (não o demônio) tentando Jesus no deserto (Mt 4,1-11), incitando Judas para que traísse a seu Mestre (Jo 13,2), semeando o joio no meio da boa semente (Mt 13,39), arrancando a Palavra de Deus do coração dos homens (Lc 8,12), espreitando os cristãos para fazê-los cair (Ef 6,11). Também é o Diabo ou Satanás que impede o apostolado de Paulo (1Ts 2,18) e que inspira a perseguição dos cristãos (Ap 2,9).

Sempre aparece, pois, relacionado diretamente com o pecado. Por isso se diz que quem peca procede do Diabo, não do demônio (1Jo 3,8), e que todos os pecados provêm do Diabo (Jo 8,44). Nunca, porém, nós o vemos provocando diretamente a enfermidade, nem "possuindo" alguém.

Uma confusão perigosa

Em síntese, podemos dizer que na Bíblia o Diabo ou Satanás sempre aparece no singular, no masculino e com o artigo definido. Isto significa que se refere a um ser pessoal e individual, um poder do mal único em sua espécie.

A palavra demônio, ao contrário, por vir normalmente sem artigo e por ser do gênero neutro, deixa entrever que não se refere a um ser pessoal.

Portanto, as duas palavras "Diabo" e "demônio" não são sinônimos, mas referem-se a entidades distintas e não devem ser consideradas como equivalentes. Lamentavelmente durante séculos a expressão bíblica "possuídos por demônios" foi substituída por "possuídos por diabos", coisa que nunca os Evangelhos afirmam.

As Sagradas Escrituras atribuem ao Diabo só tentações, isto é, atos hostis que provêm de fora e não possessões ou enfermidades, nem atitudes que persigam ou prejudiquem uma pessoa a partir de dentro. Ao contrário, todas as enfermidades, cuja causa natural era interna, não perceptível aos sentidos, inclusive os desequilíbrios psicológicos, eram sempre explicadas como "possessão demoníaca".

Ter claro esses pontos ajuda a evitar alguns mal-entendidos, como o caso de Maria Madalena. Segundo Lucas 8,2, Jesus lhe expulsara sete demônios, não, porém, sete diabos. Assim ela deveria ter sido muito doente (porque tinha tido sete demônios), não, porém, muito pecadora (porque não havia tido o Diabo), como erroneamente costumamos acreditar. Por ignorar isto, alguns falam dela como se fosse uma prostituta.

Por que ele não esclareceu?

Mas, se os possuídos que o Senhor curou eram simples enfermos, por que Jesus não tirou essa gente do erro? Por que, quando lhe apresentavam algum endemoninhado para expulsar-lhe os espíritos, Jesus não lhes advertia que não tinham ninguém lá dentro, mas sim que sofriam de enfermidades cujas causas desconheciam? Por que prestou-se à pantomima de admoestar os espíritos e expulsá-los?

É que Jesus veio ensinar religião e não medicina. Neste sentido Jesus permaneceu dentro dos limites da concepção judaica daquele tempo. Os supostamente possuídos eram na realidade enfermos. Mas como o povo explicava aqueles transtornos e sua cura mediante a linguagem de "possessão" e "exorcismo", Jesus não tinha por que falar em termos distintos daqueles que eram familiares àqueles tempos.

Assim, quando lhe apresentavam algum doente, sua única preocupação era curá-lo, pois seu único objetivo era demonstrar que diante dele todo o mal desaparecia, sem entrar em detalhes se o paciente era oligofrênico ou se havia somatizado alguma neurose. Bastava-lhe proclamar que o poder de Deus era mais forte que o poder de Satanás, da dor e do sofrimento.

E mesmo que hoje saibamos que aqueles endemoninhados eram, na verdade, enfermos com patologias internas, nem por isso fica diminuído o poder de Jesus Cristo. Sua capacidade de fazer milagres segue inalterada. Era tão miraculoso curar num instante um surdo, um mudo ou um epilético, que eram tidos como endemoninhados, como a um leproso, cego ou paralítico, considerados enfermos naturais.

Os demônios existem?

De acordo com nossos conhecimentos atuais, tanto científicos como bíblicos, não é possível continuar crendo na existência dos demônios, nem na possessão demoníaca. Este era um termo médico dos tempos de Jesus. Hoje, ao contrário, a medicina conhece muito bem as causas naturais da surdez, da epilepsia e das distintas formas de demência. Já não precisa recorrer aos demônios para explicá-

-las. Em todo caso, não há nenhum fundamento bíblico que sustente a possibilidade das possessões.

É verdade que ainda hoje acontecem doenças estranhas cujas causas exatas ignoramos, como a de acender fogo com o olhar, mudar a voz, vomitar pelos ou pequenas serpentes e ter conhecimentos extraordinários. Mas não é mais preciso recorrer ao velho recurso dos demônios da época de Jesus. Basta saber que com o tempo sua explicação aparecerá, como de fato já acontece, graças à parapsicologia, com alguns fenômenos como a levitação, a tiptologia, a telecinésia ou a xenoglossia.

A atitude da Igreja

Hoje, a Igreja continua falando do Diabo, mas já não tanto do demônio. Segue preocupada com as tentações, mas lentamente foi abandonando sua crença nas possessões.

O Concílio Vaticano II, em todos os seus documentos, menciona-o apenas três vezes e sempre em passagens bíblicas. O documento de Puebla não o menciona sequer uma vez. Tampouco o livro do Ritual de Bênçãos. O Novo Código de Direito Canônico, antes mais explícito, reduziu o tema do exorcismo a um cânon somente. E, enquanto os antigos catecismos falavam com mais detalhes da vida e da ação dos demônios, o Novo Catecismo dedica-lhe apenas dois números.

Assim também a oração oficial da Igreja menciona-o muito pouco. Em 1969 modificou o ritual do batismo, no qual se recitavam sete exorcismos, porque era considerado como uma grande batalha contra o demônio que habitava o recém-nascido e elaborou um novo ritual, sem essas orações. Três anos mais tarde o papa Paulo VI suprimiu a ordem dos exorcistas. Com isso nenhum sacerdote recebe mais este ministério. E, em 1984, João Paulo II publicou um novo Ritual Romano onde se elimina definitivamente da Igreja Católica a cerimônia do exorcismo.

No século III a Igreja perguntou aos cientistas da época por que certas pessoas tinham comportamentos extremamente estranhos e eles lhe responderam: "estão endemoninhados". Diante disto, a Igreja criou a cerimônia do exorcismo. No século XX a Igreja volta a fazer-lhes a mesma pergunta e eles então respondem: "há patologias raras cujas causas mais ou menos já se conhecem". Então, suprimiu-se o exorcismo.

Ninguém pode introduzir-se pela força dentro do homem. Só existe o Diabo, ou seja, o mal, e sua ação se reduz, no máximo, à tentação, à proposta de caminhos pecaminosos, a insinuações desviadas. Jamais o fará pela força. E basta que alguém se mantenha firme em seu não, para vencê-lo. E mais: ainda que nem sempre pareça, já foi definitivamente vencido, graças à presença de Jesus neste mundo. Ele mesmo o disse: "Eu via Satanás caindo do céu como um raio" (Lc 10,18).

ADÃO E EVA EXISTIRAM REALMENTE?

Darwin e o Gênesis

Segundo a Bíblia, Deus formou o primeiro homem, Adão, com o barro da terra. De uma sua costela fez Eva, sua mulher. E depois colocou-os em meio a um fantástico Paraíso. Ambos viviam nus, sem se envergonharem, e ao cair da tarde Deus costumava descer para visitá-los e falar com eles (Gn 2).

Essa história, que nos entusiasmava quando pequenos, coloca-nos agora, que somos grandes, em sérias dificuldades. A ciência moderna tem demonstrado que o homem foi evoluindo a partir de seres inferiores, desde o australopitecus, há uns 3 milhões de anos, passando pelo *homo habilis*, o *homo erectus* e o *homo sapiens*, até chegar ao homem atual.

Hoje, sabemos, pois, que o homem não foi formado nem do barro, nem de uma costela; que no princípio não houve apenas um casal, mas vários; e que os primeiros homens eram primitivos, não dotados de sabedoria e perfeição.

Por que então a Bíblia relata desta forma a criação do homem e da mulher? Simplesmente porque trata-se de uma parábola, de um relato imaginário, que pretende deixar um ensinamento às pessoas.

Quem o compôs foi um catequista hebreu desconhecido, a quem os estudiosos chamam de "javista", lá pelo século X a.C. Neste tempo não se tinha nem ideia da teoria da evolução. Mas como sua intenção não era oferecer uma explicação científica do homem, mas sim religiosa, escolheu essa narrativa onde cada um dos detalhes tem uma mensagem religiosa, de acordo com a mentalidade daquela época. Trataremos agora de averiguar o que o autor quis ensinar-nos com essa narrativa.

A crença popular

O primeiro detalhe que chama a atenção é que o homem foi criado do barro. O livro do Gênesis diz que no princípio, quando a terra ainda era um imenso deserto, "o Senhor Deus formou o homem do pó da terra, soprou-lhe nas narinas o sopro da vida e o homem se tornou ser vivo" (Gn 2,7).

Para entender isso, deve levar-se em conta que sempre chamava a atenção dos antigos, quando morria uma pessoa, ver como pouco tempo depois ela convertia-se em pó. E tinham chegado à conclusão que o corpo humano estava fundamentalmente feito de pó. A ideia expandiu-se por todo o mundo oriental a tal ponto que nós a encontramos entre a maioria dos povos. Os babilônios, por exemplo, contavam como seus deuses tinham amassado os homem com barro; e os egípcios representavam nas paredes de seus templos a divindade amassando o faraó com argila. Gregos e romanos compartilhavam da mesma opinião.

Quando o escritor sagrado quis contar a origem do homem baseou-se naquela mesma crença popular. Acrescentou, no entanto, uma novidade a seu relato: que o ser humano não é unicamente pó, mas que possui em seu interior uma chama especial de vida que provém de Deus e que o distingue dentre todos os demais seres vivos e que o torna sagrado. E não só o rei ou o faraó, mas também o homem da rua. Isto ele quis dizer ao afirmar "soprou-lhe nas narinas o sopro de vida". Começava, assim, uma revolução na concepção antropológica da época.

Uma imagem com profissão

A imagem de um Deus oleiro, de joelhos no chão, amassando barro com suas mãos e soprando nas narinas de um boneco, pode parecer-nos algo estranho. Na mentalidade da época, porém, era uma homenagem a Deus.

Com efeito, dentre todas as profissões conhecidas na sociedade de então, a mais digna, a mais grandiosa e mais perfeita era a do oleiro. Como era impressionante ver este homem que, com um pouco de argila, desprezível e sem valor, que podia encontrar-se em qualquer lugar, era capaz de moldar e criar com maestria preciosos objetos: vasilhames, vasos refinados e belíssimos utensílios.

O javista, sem pretender ensinar cientificamente como se deu a origem do homem, uma vez que não sabia, quis indicar algo mais profundo: que todo homem, quem quer que seja, é uma obra direta e especialíssima de Deus. Não é um animal a mais da criação, mas sim um ser superior, misterioso, sagrado e imensamente grande, porque Deus em pessoa deu-se ao trabalho de fazê-lo.

A imagem de Deus oleiro ficou consagrada na Bíblia como uma das mais acertadas. E ao longo dos séculos ela aparecerá muitas vezes para indicar a extrema fragilidade do homem e sua total dependência de Deus, como na célebre frase de Jeremias: "como a argila nas mãos do oleiro, assim sois vós nas minhas mãos, ó casa de Israel" (Jr 18,6).

A solidão do homem

Depois aparece no relato uma série de pormenores curiosos e muito interessantes. Diz que Deus colocou o homem que havia criado num maravilhoso jardim, cheio de árvores que lhe dariam sombra e o proveriam de saborosos frutos (v. 9). Nesse jardim a água era superabundante, visto que estava regado por um imenso rio com quatro grandes braços.

Para os leitores daquela época, cuja vida transcorria em terrenos desérticos e onde era difícil conseguir água, tal descrição despertava seus desejos e dava uma imagem perfeita da felicidade que teria desejado gozar.

Mas, de repente, o relato para. Parece que algo não saiu bem. Deus mesmo pressente que não é muito bom que o homem esteja só (v. 18). Mesmo com todo a riqueza de criação que espalhou, sua criatura está solitária e sem poder preencher suas expectativas. Cercou-o de luxo e bem-estar, mas não tem ninguém com quem possa relacionar-se.

Companhias não correspondentes

O Gênesis diz que Deus tentará corrigir a falha o mais rápido possível, mediante uma nova intervenção. Com grande generosidade cria todo tipo de animais, os do campo e as aves do céu, e os apresenta ao homem para que lhes ponha um nome e lhe sirvam de companhia (v. 19). Mas não encontrou para o homem uma companhia correspondente. Tampouco os animais lhe servem de companhia (v. 20). Deus havia-se equivocado mais uma vez?

Depois de refletir Deus tentará corrigir a falha imediatamente, através de uma obra definitiva: "Então o Senhor Deus fez cair um sono profundo sobre o homem e ele adormeceu. Tirou-lhe uma das costelas e fechou o lugar com carne. Depois, da costela tirada do homem, o Senhor Deus formou a mulher e apresentou-a ao homem. E o homem exclamou: 'Desta vez sim, é osso dos meus ossos e carne da minha carne! Chamar-se-á 'mulher' porque foi tirada do homem'" (vv. 21-23).

Finalmente Deus tem êxito. Pode sorrir satisfeito porque agora sim conseguiu um bom resultado. O homem encontrou sua felicidade completa com a presença da mulher.

As três mensagens

Essas cenas ingênuas e infantis, que apresentam Deus aparentemente se equivocando e sem terminar de satisfazer os gostos do homem, encerram na verdade três profundos ensinamentos.

O primeiro: a solidão do homem não é coisa boa. Ele não foi criado como um ser autônomo e autossuficiente, mas sim como um ser necessitado dos demais, de outras pessoas que o complementem em sua vida, sem o que o homem "não é bom". Com aquele hipotético e solitário Adão o autor quis denunciar que a primeira e principal amargura do ser humano é sua falta de companhia, sua vida isolada e sem ser compartilhada com ninguém.

O segundo ensinamento está na frase em que se diz que Adão não encontrou nos animais uma auxiliar correspondente. Quis com isso advertir que os animais não estão no mesmo nível do homem; que não têm sua mesma natureza e por isso não ficava bem que ele se relacionasse com aqueles como o fazia com as pessoas. Deste modo o autor condena com muita finura e delicadeza o pecado da bestialidade, ou seja, as possíveis práticas sexuais com animais que na época se achavam difundidas em certos ambientes do antigo Oriente.

O terceiro ensinamento pretende explicar que é um bem para o homem deixar seu pai e sua mãe — na época afetos tão sólidos e tão estáveis — para unir-se a uma mulher. Porque Deus pôs esta misteriosa tendência que todo homem sente para com a mulher e somente com ela o homem encontra sua plenitude. É o primeiro canto da Bíblia ao amor conjugal.

Por que dar nome aos animais?

Também a cena em que todas as espécies de animais desfilam diante de Adão enquanto ele faz a chamada, individualizando-os, fichando-os e dando-lhes nomes próprios, tinha um sentido profundo para os leitores daquele tempo.

Na Bíblia, "colocar nome" significa "ser dono de". De fato, no antigo Oriente o nome não é um simples título, mas representa o próprio ser da coisa. E conhecer o nome de alguém para poder chamá-lo equivalia ter poder sobre ele.

Por isso a Bíblia diz que, ao criar o mundo em seis dias, Deus foi dando um nome a cada coisa: dia, noite, céus, terra. Por isso na família os pais é que deviam pôr o nome em seus filhos, como sinal de propriedade. E dentre os dez mandamentos havia um que mandava "não tomar o nome de Deus em vão", para evitar de empregá-lo como sinal de dominação. Ainda hoje os judeus não se atrevem a mencioná-lo para não mostrar supremacia e poder sobre Deus.

Pintar, pois, Adão pondo nomes em todos os animais é o mesmo que dizer que ele é seu dono, que está acima deles, que lhe pertencem e estão a seu serviço. Uma maneira de confessar que o homem é rei e portanto responsável pela criação.

Por que faz o homem dormir?

Outro detalhe fascinante é o sono profundo que Deus fez cair sobre Adão, antes de criar a mulher. Muitos o interpretam como uma espécie de anestesia preparatória, já que Deus está por intervir cirurgicamente em Adão para extrair-lhe uma costela e quer antes torná-lo insensível.

Nosso autor, porém, entendia muito pouco de medicina e seria um desatino imaginá-lo aqui antecipando-se em vários séculos a essa prática da medicina moderna. O sonho de Adão está muito mais em relação com a concepção que o autor tinha da ação criadora. Criar é o segredo de Deus. Só Ele o conhece e só Ele sabe fazê-lo. O homem não pode presenciá-lo. Por isso dorme quando Deus cria. Ao despertar, não sabe nada do que se passou. Da mesma forma a mulher, recém-criada, porque quando se dá conta de sua existência, já tinha sido formada. Com essa cena o autor adverte que a atuação de Deus no mundo é invisível aos olhos humanos. Só quem tem fé pode descobri-la. Ninguém consegue contemplar a Deus que passa por sua vida, se estiver dormindo e não despertar para a fé.

Eva e a costela

O momento culminante da narrativa, e de alguma forma seu centro, é o detalhe da mulher, formada da costela de Adão.

Nosso autor emprega aqui uma belíssima imagem para deixar aos leitores uma grandiosa lição. Para criar a mulher Deus não tomou um osso da cabeça do homem, pois ela não está destinada a mandar no lar; muito menos a fez de um osso do pé, porque não está chamada a ser servidora do homem. Quando afirma que a fez de sua costela, de seu lado, coloca-a na mesma altura do homem, em seu nível e com idêntica dignidade.

Naquela sociedade tremendamente machista, em que a mulher não tinha direitos e era vista quase como um animal, a serviço exclusivo do marido e instrumento de seu prazer, o autor quer expressar a igualdade absoluta entre os dois sexos. Ao assinalar que ambos têm a mesma origem (as mãos de Deus) e que ela era sua auxiliar "correspondente", deixa fundamentado o maior e mais autêntico princípio feminista da história.

Esse atrevimento de declarar a mulher semelhante ao homem deve ter irritado imensamente a seus contemporâneos e constituiu, sem dúvida, uma ideia revolucionária em seu tempo.

Por que andavam nus?

O relato termina com um último e sugestivo detalhe: "Ambos estavam nus, o homem e a mulher, mas não se envergonhavam" (v. 25). Mais adiante, quando cai o drama do pecado original sobre Adão e Eva, dirá: "Abriram-se os olhos de ambos e viram que estavam nus" (3,7).

Essa alusão alimentou a imaginação de milhões de leitores no decorrer dos séculos e levou muitos a pensar que o pecado original tinha a ver com o sexo. Mas na realidade com isso o autor buscava apenas transmitir uma última mensagem a seus leitores, fundamentado na experiência do dia a dia. Nela via como as crianças pequenas andavam nuas, sem se envergonharem. Ao entrarem na puberdade, porém, percebiam a realidade e se vestiam. Pois bem, essa época coincide com a idade em que todos tomam consciência do bem e do mal e são responsáveis pelos seus atos.

O javista quis dizer que toda pessoa, ao entrar na idade adulta, é pecadora e portanto responsável pelas desgraças que existem na sociedade. Ninguém pode considerar-se inocente frente ao mal que o rodeia, nem pode dizer "não tenho nada a ver com isto". Por isso todos sentem vergonha de sua nudez.

O autor buscou, pois, estabelecer um vínculo entre a condição de pecador de todo homem e o fenômeno universalmente percebido da desnudez (frequente, aliás, na época pelo tipo de túnicas curtas que os homens usavam). Essa vergonha devia servir-lhes de recordação de seus pecados.

Um homem e uma mulher

A Bíblia não ensina como foi a origem real do homem e da mulher. Porque o escritor sagrado não o sabia. Mas, como vimos, tampouco estava interessado em contar como o homem apareceu sobre a terra, mas de onde ele apareceu. E sua resposta: das mãos de Deus. O "como" fica para os cientistas explicarem. O "de onde" a Bíblia responderá. E à medida que passa o tempo os cientistas poderão ir mudando suas respostas sobre o "como" foi o aparecimento do homem (se existiu desde sempre como é hoje, se evoluiu de seres primitivos, se suas primeiras partículas provêm de outras galáxias etc.). A Bíblia, ao contrário, nunca mudará seu "de onde": das mãos de Deus, que esteve dirigindo todo esse processo. Por isso não devemos temer que apareçam novas visões científicas. Porque a Bíblia manterá sempre invariável sua mensagem: o homem, frágil criatura de barro, é a obra-mestra de Deus. Todo homem é sagrado e não se repete, porque tem um "sopro" de Deus. Ele é o rei da criação e responsável por ela. E a mulher participa da mesma grandeza, da mesma hierarquia e da mesma dignidade que ele.

Um tratado de alta teologia não o teria expressado melhor do que esse conto infantil.

NO INÍCIO DO MUNDO HOUVE UM PARAÍSO TERRESTRE?

Perguntas que incomodam

É certo que os primeiros homens gozavam de privilégios assombrosos no Paraíso: não sofriam, nem se cansavam, nem morriam e tinham uma inteligência superior? Mas, se eram tão perfeitos, como não se deram conta de que, pecando, perderiam tudo o que tinham recebido de Deus? Como foi que caíram na primeira oportunidade que tiveram?

É possível que Deus se sentisse tão ofendido no Paraíso que mandasse aos primeiros homens os tremendos castigos que lemos no livro do Gênesis (3,14-19) só porque comeram uma fruta? E o que pensar de uma serpente que fala?

Se Eva não tivesse comido aquela fruta, o parto da mulher seria hoje sem dor? E as serpentes voariam em vez de se arrastarem? E andaríamos todos nus, sem nos envergonharmos? Seríamos imortais e não existiriam desertos sobre a terra?

Se, conforme a Bíblia, o Paraíso terrestre continuou existindo após a expulsão de Adão e Eva, é possível encontrá-lo hoje como sustentam algumas revistas científicas?

Podemos encontrar os querubins que vigiam sua entrada, com espadas de fogo para que ninguém passe?

Podemos continuar acreditando nisso?

Ao ler, no Gênesis, o relato de Adão e Eva muitas dessas perguntas nos têm preocupado alguma vez. Há pessoas que sentem vergonha de ter essas dúvidas. Outras têm medo de faltar com o respeito à Bíblia, propondo essas questões. E há também aqueles que pensam que não se trata senão de um conto, a que não se deve dar maior atenção.

No entanto, o relato do Paraíso (Gn 2 e 3) tem uma grande importância dentro da Bíblia, uma vez que traz a resposta a uma das interrogações mais angustiantes a que o homem se faz: de onde vem o mal que existe no mundo? Mas, só interpretando-o corretamente poderemos descobrir nele a imensa riqueza que encerra.

A que se refere a Bíblia quando narra o que aconteceu no Paraíso terrestre? Hoje em dia, todos os estudiosos ensinam que a Bíblia não pretende descrever aqui acontecimentos reais, nem fatos históricos que ocorreram no começo da humanidade.

O autor desta página foi um catequista judeu a quem os estudiosos chamam de "o javista" e que lá pelo ano 950 a.C. tomou consciência de alguns fatos gravíssimos que aconteciam na sociedade de seu tempo. Havia descoberto que as coisas andavam mal e que já se chegara a uma situação muito perigosa. Estava-se vivendo uma situação tão desastrosa e desoladora que, se não se fizesse algo imediatamente, ele, sua família e todo o resto da sociedade acabariam mal.

Diante disto o javista, iluminado por Deus, decide escrever o relato de Gênesis 2-3, não para dar detalhes sobre as origens do homem, mas com o intuito de alertar os leitores de sua época sobre esses problemas e trazer-lhes alguma solução.

Amor e gravidez

O que havia descoberto o autor e o que tanto o preocupava? Havia constatado que certas realidades da vida, que deveriam ser motivo de alegria para todos, eram antes causa de sofrimento e de dor. Talvez muitos não se davam conta ou as consideravam como algo natural e inevitável. Ele, contudo, já não as suportava e se manifestava diante dessa situação.

Ele começou a fazer uma lista desses males que ia descobrindo. Em primeiro lugar, tinha uma esposa, igual a de seus vizinhos e amigos. E viu que algo tão bom e belo como o matrimônio era na prática instrumento de dominação. A mulher sentia-se atraída pelo marido, mas ele a considerava um ser inferior, privava-a de certos direitos, tratava-a como um objeto. Por que esta ambiguidade no amor? E escreveu: "A paixão arrastar-te-á para o marido e ele te dominará" (Gn 3,16).

Em segundo lugar, vira como cada gravidez de sua mulher escravizava-a e aumentava seus sofrimentos. Mais ainda, tinha presenciado o parto de seus numerosos filhos e em cada um vira sua mulher gemer e padecer inexplicavelmente. Por que a chegada de uma nova vida, motivo de alegria para a família, se dava em meio a tanta dor? E escreveu: "Multiplicarei os sofrimentos de tua gravidez. Entre dores darás à luz os filhos" (Gn 3,16).

O trabalho e os animais

Também havia descoberto que toda manhã, ao sair para o trabalho para prover seu sustento e o de sua família, ele lhe era causa de grandes sofrimentos. Muitas vezes chegava em casa, ao cair da tarde, cansado e sem ter conseguido maiores frutos da terra árida e pobre da estéril Palestina. Por que tanto suor e fadiga? E continuou com sua lista: "Com fadiga tirarás dela o alimento durante toda a vida. Comerás o pão com o suor do rosto" (Gn 3,17.19).

E a terra? Parecia amaldiçoada. Devia produzir alimento para o homem e, ao contrário, só dava abrolhos e espinhos. Por mais que o homem a trabalhasse, mais ela resistia. Quanto lhe custava tirar daí um pouco de comida para seus filhos! E anotou: "Amaldiçoada será a terra por tua causa... Produzirá para ti espinhos e abrolhos e tu comerás das ervas do campo" (Gn 3,17-18).

Até mesmo os animais lhe são hostis. Quantas vezes, ele próprio, ao sair para a caça ou passeando pelo campo, fora atacado de repente por uma serpente, ou um leão. Talvez algum conhecido seu tenha morrido atacado por uma fera. Esses seres inferiores não foram colocados por Deus a serviço dos homens? Pareciam, no entanto, ter uma inimizade mortal com ele. Não se podia confiar neles. Eram uma ameaça para a vida humana. Então continuou escrevendo: "Porei inimizade entre ti e a mulher, entre a tua descendência e os descendentes dela" (Gn 3,15).

Um Deus que dava medo

E sua própria vida lhe resultava ambígua. Todo o seu ser gritava: quero viver! Mas a morte espreitava-o, inevitavelmente, em cada esquina. Ninguém podia escapar dela. Talvez já vira seus pais morrerem, ou algum amigo íntimo, um filho. Por que o fim da vida era tão trágico e doloroso? Por que havia um germe de morte encerrado em cada vida, projetando um véu de luto sobre todas as alegrias? E anotou: "Pois tu és pó e ao pó hás de voltar" (Gn 3,19).

Enfim até o próprio Deus e amigo lhe era ambíguo. Pensar nele, estar com Ele, falar com Ele, deveria ser motivo de gozo e de alegria. Mas muitas vezes Deus lhe causava medo. Sua presença assustava-o. Temia seus castigos e por isso, em algumas ocasiões, escondia-se e fugia dele. Por que ter medo de Deus?, perguntava ele, enquanto escrevia em seu relato: "Ouvi teus passos no jardim. Fiquei com medo porque estava nu e me escondi" (Gn 3,10).

E assim o autor do relato concluiu a lista dos males que encontrava na experiência cotidiana de sua vida. Uma vida familiar, feita de amor e fadiga, de casamento e de dores de parto, de terra seca que deve ser semeada e de suor em seus olhos, de animais que ameaçam, de vida e de morte, de presença de Deus e de religiosidade baseada no medo.

A grande descoberta

E, ao chegar a esse ponto, o autor se perguntou: por que sofremos todos esses males? De onde eles vieram? Está convencido de que não procedem de Deus. Sua fé ensina que Deus é bom e justo, que quer o bem de todos os homens e que nunca teria colocado essas desgraças como parte da Criação.

Talvez ouvira muitas vezes seus amigos e vizinhos dizerem: "Paciência, você tem de suportar! A vida é assim. É a vontade de Deus!" Ele, porém, se manifestava. Seria o último a buscar em Deus e em sua religião a justificativa para uma falsa paciência que pactuava com essa situação de dor. Nisso ele discordava inclusive de outras religiões que atribuíam todos os males à ação direta de Deus. Para ele não. O que todos estavam sofrendo não podia ter a aprovação de Deus.

E então, ainda que com uma mentalidade primitiva, chega a um grau de descoberta: a situação em que o povo de Israel e toda a humanidade se encontram é na verdade uma situação passageira de "castigo", ou seja, uma consequência de nossos pecados. E por isso somos os únicos responsáveis pelo que se passa conosco.

Essa tese, revolucionária, tinha uma dupla vantagem. Por um lado significava uma visão otimista e esperançosa da vida. Com efeito, não sendo nada disso desejado diretamente por Deus mas sim uma "situação de castigo", não se tratava de algo definitivo mas provisório e passageiro do qual podia-se sair a qualquer momento. E, por outro lado, levava a refletir sobre a parte de responsabilidade de cada um nos males que afligiam a sociedade.

Nasce o Paraíso

Essa lista de males serviu, pois, ao escritor sagrado para elaborar um elenco das realidades que seriam os "castigos de Deus" aos primeiros homens (Gn 3,14-19). Ela refletia a situação em que toda a humanidade vive atualmente.

Mas ele precisava resolver outro problema ainda. Se o mundo, tal como estava, não era realidade querida por Deus, então Ele não poderia continuar aceitando um mundo assim. Não era plano originário de Deus. E qual era a vontade de Deus em relação ao mundo? Ele queria saber exatamente, pois do contrário não saberia como agir. E aí residia o problema: o autor não o sabia. Ignorava como devia ser um mundo funcionando de acordo com a vontade de Deus. Ele só conhecia este, equivocado, e nenhum outro.

Então o que ele fez para responder tal pergunta? Inspirado por Deus, tomou a lista de males que havia feito (Gn 3,14-19) e imaginou numa situação inversa, de bem-estar, em que não se encontrava nenhum daqueles males. Esse seria o mundo ideal, desejado por Deus, e que estávamos perdendo por culpa de nossos pecados. O resultado dessa situação imaginária foi o Paraíso.

De fato, o Paraíso do Gênesis não é senão a descrição de um estado de vida exatamente oposto àquele que o autor conhecia e experimentava em todos os dias de sua vida.

O mundo como Deus manda

Se agora analisarmos, parte por parte, este Paraíso descrito em Gênesis 2,4-25, veremos que corresponde exatamente ao contrário do mundo que apareceu logo depois do pecado original e que está relatado em Gênesis 3,4-24.

Em primeiro lugar, no Paraíso a mulher já não é dominada pelo marido, mas sim sua companheira, sua auxiliar correspondente (2,18), em igualdade com o homem. O mesmo homem o reconhece e por isso exclama: "Desta vez sim, é osso dos meus ossos e carne da minha carne" (2,23). E é o homem que aqui se sente atraído por ela e forma com a mulher uma só carne (2,24), sem que haja domínio de um sobre o outro. Não existe a morte. O homem podia continuar vivendo para sempre porque Deus, respondendo ao profundo desejo do homem, fizera brotar no meio do jardim a árvore da vida (2,9). E bastava estender sua mão e comer de seu fruto, para viver para sempre (3,22). Ali a morte já não entristecia a vida.

Tampouco no Paraíso há dores de parto, pois nem sequer ele aí existe. Como o homem já não morre, tampouco tem necessidade de gerar filhos para prolongar a vida mais além da morte. Não é que o autor pense que existia um só casal. Em Adão e Eva estavam, de fato, simbolizados e representados todos os homens e as mulheres que nosso autor conhecia e todos os que não queria ver morrer.

A proposta atraía

A terra já não está amaldiçoada. É fértil e produz toda espécie de árvores frutíferas, atraentes e saborosas (Gn 2,9). Já não havia seca porque a irrigação está garantida por um imenso rio que banha o jardim e que se divide em quatro braços (2,10). Nunca um israelita havia imaginado tanta água reunida!

O trabalho já não é mais motivo de fadigas e frustração. No Paraíso a tarefa é leve: cultivar o jardim e cuidar dele (2,10). Levando em conta a abundância de água que tinha à mão, torna-se um trabalho gostoso.

Já não há inimizade entre o homem e os animais. Ao contrário, eles existem para acompanhar o homem e são aquilo que o homem deseja que sejam. Por isso se diz que ele "deu o nome a todos os animais criados por Deus". Por último, no Paraíso Deus já não infunde medo. É amigo dos homens, passeia no jardim ao cair da tarde (3,8) e convive com eles na maior intimidade, sem que sua presença seja motivo de espanto e sem que os faça se esconderem.

O Paraíso, esperança futura

O Paraíso terrestre da Bíblia é, pois, uma construção imaginária do autor sagrado que, inspirado por Deus, e com sua linguagem popular e campestre, mas de grande profundidade, ofereceu aos homens de sua época, para dizer-lhes: "é assim que Deus gostaria que o mundo fosse. Ele não quer a dominação do marido. Ele não quer as dores do parto. Não quer a morte, a seca, nem o trabalho opressor que escraviza, nem a ameaça dos animais, nem a religião do medo. Ele quis o Paraíso. Isto é o que estamos perdendo".

Deus, porém, não mudou de ideia. Para o autor, o Paraíso não é algo que pertence ao passado, mas sim ao futuro. Não é uma situação perdida que tem de se recordar com nostalgia, mas um projeto que deve ser visto com esperança. É como o modelo terminado, a maquete do mundo que o homem deve construir com seu esforço e seu sacrifício. Está colocado precisamente no início da Bíblia, não porque tenha acontecido no início, mas porque, antes de mais nada, o homem deve saber para onde se dirige.

Na direção de um novo Paraíso

O Paraíso da Bíblia, com suas árvores frutíferas, águas abundantes, trabalhos suaves e sem dores de parto, tornava-se atraente para os leitores rurais de então que deviam lutar para conseguir tudo isso. Era um eficaz apelo a tomar consciência daquilo que o homem estava fazendo com o mundo.

Hoje, esse Paraíso já não chama atenção. Devemos atualizá-lo. Para isso devemos primeiramente elaborar a lista dos males que afligem nossa família, nossa sociedade e o mundo: pessoas vivendo em condições infra-humanas, bairros inteiros sem água, operários com salários de fome, falta de emprego digno, alimentos contaminados, doenças que podiam ser facilmente erradicadas, divisões e discórdias nas famílias, depressão generalizada, mortes injustas... Depois tomar consciência de que se trata de uma "situação de castigo" cujos únicos responsáveis somos nós. Portanto, eliminar o fatalismo, a passividade e a resignação e erradicar o famoso: "Paciência, temos de suportar. A vida é assim. É a vontade de Deus!"

E, finalmente, deixando para trás todos esses males, reconstruir nosso próprio Paraíso, ver como deveríamos estar, descobrir o que estamos perdendo por culpa de nossos pecados atuais.

O Paraíso é uma profecia futura, mas projetada para o passado. Não é um conto inocente, nem um fato real que aconteceu, mas sim um genial recurso que o escritor sagrado encontrou para sacudir as consciências de seus contemporâneos. E ainda hoje é um projeto que se ergue, desafiante, à fé e à coragem dos homens que devem concretizá-lo.

A TORRE DE BABEL: QUAL A SUA MENSAGEM?

Um castigo severo

Há algum tempo uma revista de divulgação científica deu a surpreendente notícia que haviam sido descobertos os restos da famosa Torre de Babel. Mas para os estudos bíblicos modernos esse episódio aconteceu de fato? Conforme o livro do Gênesis (11,1-9), a Torre de Babel era um imenso edifício que os primeiros habitantes do mundo tinham começado a construir e que pretendiam levantá-lo tão alto que chegaria até o céu. Mas quando a obra estava pela metade, Deus lhes aparece, ofendido, e deu-lhes um severo e exemplar castigo: fez com que eles começassem a falar em idiomas diversos, de tal forma que ninguém podia entender o outro. Estupefatos e confusos, os frustrados construtores dispersaram-se, cada um com sua própria língua. Assim nasceram os diversos idiomas que existem no mundo.

A narração, contudo, oferece numerosas dificuldades para quem se decide a lê-la com atenção.

Já havia explicação

Em primeiro lugar o relato bíblico da Torre de Babel aparece abruptamente e em total contradição com aquilo que o Gênesis tinha narrado sobre os filhos de Noé. De fato, em 10,5, ao falar dos descendentes de Jafé, filho caçula de Noé, ele afirma: "Destes se separaram as populações das ilhas, cada qual segundo seu país, língua, família e nação". O mesmo se diz nos versículos 20 e 31 sobre os descendentes dos outros filhos de Noé. Ou seja, que a Bíblia já tinha ensinado a dispersão dos homens a partir de Noé e a aparição de novos idiomas e povos distintos. E não atribui tal dispersão a um castigo de Deus, mas sim ao desenvolvimento e à evolução natural do homem.

Essa contradição tão evidente faz-nos pensar que o relato da Torre de Babel não pretendia de fato explicar a causa das diferentes línguas no mundo. Então, com que intenção foi escrito?

As duas histórias

As coisas, no entanto, ficam mais complicadas, se analisarmos com maior cuidado o relato. O que, com o correr do olho, parece uma só narração, na realidade são duas histórias sobrepostas, magistralmente fundidas.

É possível descobrir isso, graças às repetições que apresenta. De fato, no versículo 4 se diz que os homens construíam uma cidade, mas, continuando, acrescenta que a construção era de uma torre. Neste mesmo versículo descrevem-se duas finalidades distintas da construção: a da cidade, para

40

fazerem-se famosos; a da torre, por outro lado, para que sua altura os orientasse e não se dispersassem pela face da terra.

Também por duas vezes Deus desce do céu. Uma, para ver a construção (v. 5), e outra, para confundir as línguas do povo (v. 7).

Finalmente, vemos Deus mandar dois castigos diferentes aos homens: a confusão das línguas (v. 7) e sua dispersão por toda a terra (v. 8).

Os exegetas estão, pois, de acordo que, originariamente, eram dois relatos diversos que foram tecidos para formar um só.

O pecado que não foi o de se afirmar

Se agora tratamos de verificar que pecado cometeram esses homens, ficamos surpresos, já que o texto não o afirma em nenhuma parte. Alguns supõem que foi o pecado de orgulho, por tentarem edificar uma torre que chegasse "até o céu". Sabemos, porém, que na linguagem oriental tal expressão é uma simples expressão que significa "muito alto", sem que isto tenha algo de arrogância, nem de desafio a Deus.

Por outro lado, a arqueologia nos tem ajudado a entender que tipo de torre construíam esses homens. Trata-se de um edifício religioso, chamado *zigurat*. Era uma espécie de pirâmide escalonada, em geral com sete pisos, em cujo cimo havia uma pequena habitação que servia de casa para a divindade. Eram construções muito comuns na Mesopotâmia, a tal ponto que cada cidade tinha seu próprio *zigurat*. As escavações descobriram uns trinta.

A torre de nosso relato era, pois, um edifício religioso. Neste caso, da cidade de Babilônia (em hebraico, Babel). E, para os babilônios, a construção de um *zigurat* não era uma ação pecaminosa, mas sim bem mais virtuosa.

Mais ainda: segundo o versículo 8, Deus castigou-os porque deixaram de construir a cidade, não a torre, pois diz: "E o Senhor dispersou-os dali por toda a superfície da terra, e eles pararam de construir a cidade" (v. 8).

O texto sagrado, portanto, não diz claramente como foi que os homens pecaram ao tentar construir uma cidade com seu *zigurat*.

As intenções eram boas

Todas essas dificuldades mostram que o relato da Torre de Babel teve uma longa e complexa pré-história, antes de terminar no Gênesis, continuando a história de Noé e do Dilúvio.

Os exegetas têm tentado reconstruí-la, no intuito de compreender melhor seu sentido. Distinguem aí três etapas pelas quais o relato passou.

Na primeira não existia um relato só, mas dois independentes um do outro e sem conexão com o que vinha contando o Gênesis.

Um celebrava com admiração e entusiasmo a construção de uma cidade, símbolo da civilização e do progresso humano. O outro contava o esforço de todo o povo, piedoso, na construção de um *zigurat*, sua torre religiosa.

Os dois relatos nasceram na Mesopotâmia, provavelmente em Babilônia, como se deduz dos materiais que aparecem na construção: ladrilhos cozidos ao sol (desconhecidos na Palestina, onde se usava a pedra), e betume (também desconhecido, pois empregava-se a argamassa) (v. 3). E tinham um sentido positivo, isto é, não levavam castigo nenhum da parte de Deus, nem confusão de línguas.

Um relato de maravilhas

Pois bem, Babilônia era uma cidade grandiosa, riquíssima e deslumbrante, que se tinha convertido em coração do mundo antigo.

Não só por suas majestosas construções (templos, palácios, jardins suspensos, fortificações, esculturas), mas principalmente porque dentro de suas muralhas agrupavam e conviviam pessoas de todas as raças e povos, atraídas pelo comércio, pela riqueza e pela cultura que aí se respirava. Essa variedade de raças e línguas colocavam-na à altura de nossas metrópoles modernas, como Nova York ou Londres.

Dentre todos os seus monumentos, o mais sugestivo e deslumbrante devia ser seu *zigurat*, sua torre escalonada, tão alta que "tocava o céu". Chamavam-na de *Etemenanki* (que significa "fundamentos do Céu e da Terra").

Diante de tanta grandeza os estrangeiros que a visitavam ficavam maravilhados e, ao regressar ao seu lugar de origem, contavam histórias estranhas, mais ou menos inventadas, sobre sua magnificência, suas grandes construções, sua cultura e confusão de línguas e dialetos que nela se ouviam, por causa da diversidade de povos que a habitavam.

A mudança de sentido

Esses visitantes e viajantes também começaram a difundir os relatos que aí tinham ouvido sobre a construção da cidade e de seu *zigurat*.

E não demoraram em serem conhecidos pelos habitantes do deserto, os nômades e os beduínos. Eles tinham medo da vida das cidades e do culto a seus deuses. De modo especial, sentiam desprezo por Babilônia, que obtivera grandeza e esplendor graças à mão de obra e à riqueza dos povos vizinhos que tinha submetido e dominado.

Desta forma a vida na grande cidade, suas vicissitudes e a dificuldade de comunicação por causa da mistura de povo e de línguas diferentes apareciam diante de seus olhos como maldição e castigo de Deus por causa de seus pecados.

Então essas histórias da cidade e da torre começaram a ter um outro sentido. E o que nelas era expressão de piedade original converteu-se em sinal de idolatria e de orgulho na reflexão teológica dos beduínos.

Segunda etapa para a história

Transformados ambos os relatos, agora no primeiro se contava que um grupo de homens decide construir uma cidade para "fazerem-se famosos" e adquirirem glória e renome através dos séculos. Enquanto levavam a cabo essa iniciativa, Deus intervém, descendo do céu e confundindo suas línguas, de forma que "já não se entendam um ao outro". Esse relato ficou nos versículos 1, 3a, 4ac, 6a, 7, 8b, 9a.

44

No segundo dizia-se que um grupo de cidadãos receava distanciar muito e perder o contato entre eles. Para manterem-se unidos, decidiram construir uma torre, tão alta que pudesse ser vista de todos os lugares, isto é, que chegasse até o céu. Também aqui Deus desce das alturas e castiga a ousadia desses homens que buscavam união, dispersando-os por toda a terra. Esse segundo relato é o que se lê nos versículos 2, 3b, 4bd, 5, 6b, 8a, 9b.

Zombarias contra a cidade

Com o tempo os dois documentos se entrelaçaram, formando um só. E, assim sobrepostos, eram contados sob as tendas dos habitantes do deserto.

Com essa história popular, os beduínos expressavam a superioridade de seu Deus, em contraposição aos deuses das cidades. De fato, certa vez, quando seus habitantes quiseram construir um *zigurat* para si, tiveram de deixá-lo sem terminar, por causa da intervenção de um Deus mais forte, do Deus dos nômades.

Em sua segunda etapa o relato ensinava, pois, a superioridade do Deus dos nômades sobre a divindade orgulhosa das cidades. Quando os nômades antepassados dos israelitas chegaram à Palestina, trouxeram essa lenda popular entre suas tradições. E o Deus poderoso que descia para castigar aqueles homens idólatras recebeu mais tarde o nome de Javé (v. 5).

Desse modo, o episódio da Torre de Babel começou a formar parte das tradições orais que eram transmitidas entre o povo hebreu, de geração em geração, com o intuito de fomentar a fé em Javé, o único Deus verdadeiro.

O terceiro significado

No tempo do rei Salomão, lá pelo ano 950 a.C., um escritor anônimo a quem se dá o nome de "javista", compôs as primeiras páginas do Gênesis. E ao encontrar na tradição hebraica essa narrativa achou-a muito apropriada para agregá-la em continuação da história da arca de Noé. Dessa forma a história da Torre de Babel permaneceu incorporada ao Gênesis e adquiriu um significado muito mais profundo. Entrou, assim, em sua terceira e última etapa, a atual.

Com que intenção o javista colocou essa história aqui? O relato anterior sobre Adão e Eva (Gn 2-3) mostrava como a comunidade conjugal se ressente e sofre quando deixa Deus de lado. Com a Torre de Babel, quer mostrar como a comunidade social e política se dispersa, se desintegra e ressente quando realiza um empreendimento, dando as costas a Deus.

Os construtores da cidade e da torre já não são gente piedosa (como na primeira etapa), nem tampouco idólatra (como na segunda). Agora (terceira etapa), trata-se de gente que dispensa Deus em suas iniciativas.

A mensagem religiosa é clara: nenhuma sociedade poderá manter-se quando seus habitantes empreendem qualquer projeto, qualquer obra e atividade em que se descarta Deus. As consequências serão nefastas: haverá ruptura na unidade e na harmonia, será impossível que as pessoas se entendam e a obra permanecerá a meio-termo.

Como Babel, mas ao inverso

Essa hipótese que os biblistas ensinam a respeito das peripécias literárias da lenda da Torre de Babel é a que explica melhor as incoerências e duplicata que tem o texto atual. Por isso é a mais aceitável. Nada disso lhe tira seu valor atual de Palavra de Deus. Mas o conhecimento melhor das transformações que sofreu em sua redação ajuda-nos a extrair melhor sua mensagem e a precisar seu verdadeiro significado.

Nos Atos dos Apóstolos há um episódio que faz referência à Torre de Babel: o evento do Pentecostes (At 2). Ali se narra que, ao descer o Espírito Santo sobre os Apóstolos, aconteceu a mesma coisa que na Torre de Babel, mas ao contrário. Nesta os homens estavam em uma torre elevada, projetando seus trabalhos de costas para Deus; e Deus desceu para confundir as línguas. Em Pentecostes, ao contrário, os apóstolos estavam numa habitação elevada, desejando construir um novo mundo, segundo Deus; e o Espírito Santo desceu para que suas línguas fossem entendidas por todos os estrangeiros, "cada um em sua própria língua" (2,6).

Hoje, as nações tentam sua reconstrução social e política. Mas com frequência o fazem de costas voltadas para Deus. Como em Babel. Por isso nossas sociedades estão saturadas de enganos, fraudes e corrupção, não há entendimento entre as pessoas e cada um propaga seu próprio discurso que resulta pouco acreditável para os demais.

Só quando os políticos e construtores da sociedade deixarem de lado seus interesses pessoais (como em Babel) e se movimentarem sob a guia do Espírito Santo (como em Pentecostes), é que poderemos ver amanhecer a justiça, a harmonia e o entendimento social no mundo.

EM QUE LÍNGUA JESUS FALAVA?

Uma falsa crença

Muita gente pensa que a língua materna de Jesus era o hebraico. Porque quem hoje visita Israel, o país de Jesus, e abre alguns de seus diários ou lê as placas nas ruas ou ouve suas emissoras de rádio, depara-se com o hebraico. Mas acontecia o mesmo faz dois mil anos? Não. Quando Jesus nasceu fazia muito tempo que o hebraico havia desaparecido como língua viva e diária. Fora substituída por outra: o aramaico.

O hebraico que hoje se fala em Israel é uma língua moderna. Foi inventada por um judeu da Lituânia, chamado Eliezer Ben Yehuda, em 1880. Conforme ele nos conta, ele a "ressuscitou" com base numa Bíblia hebraica que tinha e criando as palavras novas que necessitava. Assim os judeus imigrantes, que se instalaram na Palestina, falando diferentes línguas de acordo com o país de origem, podiam comunicar-se num mesmo idioma e ter uma base mais sólida para a unidade nacional.

Por que desapareceu o hebraico no tempo de Jesus? Antes de responder, vejamos como ele nasceu.

As origens do hebraico

Curiosamente Abraão, o primeiro hebreu e o pai do povo hebreu, não falava o hebraico. Ele chegou à Palestina (que se chamava Canaã) procedente da baixa Mesopotâmia (Gn 11,31) e que por isso falaria algum dialeto semítico dentre os que se encontravam na região. Ao chegar em Canaã com sua clã, viu que os cananeus, seus primeiros habitantes, falavam uma língua mais evoluída, mais precisa e mais bem construída que a dele. E, pouco a pouco, seus descendentes foram assimilando essa língua cananeia. Quando, depois do êxodo do Egito, se estabeleceram na terra prometida, adotaram-na de forma definitiva.

Por isso chamaram a língua cananeia de "hebraico", porque foi o povo hebreu que a popularizou, amplamente a usou e a divulgou.

É a língua que pôs por escrito a Lei de Moisés, a língua em que Davi cantava seus salmos, em que Salomão emitia seus sábios julgamentos, a língua que expressou por escrito o mundialmente conhecido relato da criação em sete dias, em que profetizava Amós, em que Isaías anunciou a vinda do futuro Emanuel. Dos 46 livros do Antigo Testamento, 39 estão escritos em hebraico. Ele manteve-se como língua viva em Israel até 587 a.C.

O fim do hebraico

Mas o povo de Deus sofreu uma terrível catástrofe em 587 a.C. Nabucodonosor, rei da Babilônia, invadiu o país, destruiu a cidade de Jerusalém, incendiou o templo, construído por Salomão e levou, desterrada, grande parte da população. Lá, em Babilônia, o povo hebreu suspirava por sua terra amada. E durante 50 anos permaneceu cativo, até que um novo rei (Ciro, o grande), permitiu-lhe o regresso, em 538 a.c. Mas quando o povo de Israel voltou do exílio para a Palestina, as novas gerações que regressaram já haviam praticamente esquecido o hebraico, pois haviam aprendido lá uma nova língua: o aramaico, língua falada na Babilônia.

Os imigrantes, embora minoria, estabeleceram-se na capital, Jerusalém, e foram eles que daí determinaram o desenvolvimento do país. Por isso, com o passar do tempo, o aramaico foi tomando importância e o hebraico foi eclipsando-se lentamente. Primeiro em Jerusalém, depois entre os judeus das aldeias e povos vizinhos e, por fim, em todo o país. Até que lá por 200 a.c. somente as pessoas cultas, os escribas e os letrados entendiam o hebraico.

A língua da sinagoga

Não obstante o triunfo do aramaico como língua popular, o velho idioma nacional não desapareceu totalmente. Embora não fosse falado, perdurou como língua escrita. Tanto que os livros mais tardios da Bíblia, aparecidos nessa época, continuaram sendo compostos em hebraico.

Com o passar dos anos, desapareceu até mesmo da escrita e permaneceu apenas como língua litúrgica. Isto é, era empregada somente para rezar nas sinagogas e quando se liam as Escrituras, que estavam em hebraico. Por isso começou a ser considerado como "língua sagrada".

Mas como os judeus que iam rezar na sinagoga, aos sábados, já não entendiam mais a Bíblia em hebraico, criou-se o costume de fazer uma explicação em aramaico, para que todos pudessem compreender os textos que se liam.

A primeira língua de Jesus

Quando Jesus nasceu, a língua corrente em Israel era então o aramaico. E foi essa língua que Jesus aprendeu a falar da boca de sua mãe Maria. Nela contou as parábolas e pronunciou seus sermões. Com ela realizou seus milagres e curou os enfermos.

O evangelista Marcos o confirma. Ele é o único que traz quatro frases aramaicas de Jesus. Elas ficaram tão profundamente gravadas na tradição que foram conservadas na língua original, sem versão, quando os Evangelhos foram traduzidos para o grego.

A primeira foi a que Jesus usou para ressuscitar a filha de Jairo. Depois de fazer sair todos os familiares que choravam na casa da menina morta, tomou-a em suas mãos e lhe disse: *talitá cumi*, que em hebraico significa "menina, levanta-te!" (Mc 5,41). Foi a frase poderosa, pronunciada sobre a jovem, mediante a qual ele devolveu-lhe a vida.

A segunda ele a pronunciou para curar um surdo-mudo. Marcos diz que Ele o levou à parte, introduziu-lhe os dedos nos ouvidos, tocou-lhe a língua com sua saliva e, olhando para o céu, disse: "*effatá*", que significa "abre-te!" (Mc 7,34). Com essa expressão devolveu-lhe os ouvidos e a palavra.

A terceira frase em aramaico é a angustiosa oração que dirigiu a Deus, no horto de Getsêmani, quando o chamou "*Abba*", isto é, Pai (Mc 14,36).

Enfim temos a oração que Jesus pronunciou na cruz: *Eloí, Eloí, lamá sabachthani,* que significa "Meu Deus, meu Deus, por que me abandonastes" (Mc 15,34). Esse é o início do salmo 21 que, embora expresse dor e dúvida de Deus, termina com um grande ato de esperança. Também Mateus a conserva, mas em hebraico (27,46).

Palavras reveladoras

Além dessas quatro citações, os Evangelhos conservam outras palavras que confirmam que o aramaico era o idioma falado na época de Jesus.

Por exemplo, certos nomes de pessoas, como Barrabás (Mc 15,7), Marta (Lc 10,38), Cefas (Jo 1,42), Boanerges (Mc 3,17), Tabita (At 9,36), todos claramente aramaicos.

Há também nomes de lugares, como Cafarnaum, cidade onde vivia Jesus (Mc 1,21); Gólgota, o monte onde o crucificaram (Mt 27,33); Gábata, lugar onde Pilatos o julgou e o condenou à morte (Jo 19,13).

Por último, o Evangelho conserva algumas expressões aramaicas empregadas pelos primeiros cristãos, como "*hosana*" (Mt 21,9), que ao pé da letra significa "salva-nos, eu te peço!", mas que na época de Jesus tinha passado a ser um simples grito de aclamação equivalente ao nosso "viva", frase com que se conclui o Apocalipse (22,20).

O dialeto da traição

Pois bem, o aramaico, como toda língua, foi-se deformando e se adaptando conforme as diferentes regiões onde era falado. E na Palestina de Jesus haviam surgido duas formas diferentes de falar o aramaico: a da Galileia (no norte) e a da Judeia (no sul). Na Galileia, devido à forte influência estrangeira, o povo falava com uma pronúncia notavelmente diferente da pronúncia da Judeia. Os galileus contraíam muito as palavras, eram muito negligentes com as consoantes iniciais, preferindo o som "a" ao de "i", e parece que pronunciavam muito mal os sons "d" e "t". Assim, por exemplo, em vez de *"immar"* (cordeiro) diziam *"ammar"* (lã), e *"jammar"* (vinho) pronunciavam-no *"gamar"* (asno).

Jesus, por ter sido criado em Nazaré, falava com sotaque galileu, assim como seus apóstolos que eram todos dessa região, exceto Judas. Assim se entende que quando Jesus estava sendo julgado na casa do Sumo Sacerdote Caifás, aqueles que estavam ali disseram a Pedro: "De fato, tu és um deles, pois teu próprio modo de falar te denuncia" (Mt 26,73). Pedro jurou que não o conhecia. Mas seu amargo "não o conheço", respondido em aramaico *"leth aná hadã"*, teria soado *"lená jaká"*, em seu dialeto galileu, confirmando com seu sotaque aquilo que seus lábios negavam.

A segunda língua de Jesus

Ainda que Jesus falasse o aramaico, conhecia também o hebraico, a língua dos textos sagrados? Quando participava da sinagoga, aos sábados, entendia ele a leitura da

Lei e dos Profetas, ou tinha necessidade de tradutor em aramaico?

Um episódio contado por Lucas nos dá a resposta. Um dia Jesus entrou na Sinagoga de Nazaré, como todos os sábados, e convidaram-no a ir à frente e fazer a leitura. Quando lhe entregaram o livro do profeta Isaías, escrito em hebraico, ele o leu sem dificuldades (Lc 4,16-19), o que mostra que Jesus entendia também o hebraico.

Outro indício o confirma. Nos evangelhos Jesus é chamado de *"rabi"*, isto é, *"mestre"*, tanto por seus discípulos (Mc 9,5) como também pelas pessoas do povo (Jo 6,25) e até pelos próprios rabinos da época (Jo 3,2). Pois bem, sabemos que o título de *"rabi"* não era atribuído a qualquer pessoa, mas tratava-se de uma função publicamente reconhecida para aqueles que proclamavam, traduziam e comentavam as Escrituras nas sinagogas. O que nos leva a pensar que Jesus fazia isto com frequência. São Mateus atesta-o, quando afirma: "Jesus percorria toda a Galileia, ensinando nas sinagogas" (4,23).

A terceira língua de Jesus

Havia, porém, uma terceira língua que se falava na Palestina no tempo de Jesus: o grego.

De fato, desde 313 a.C., quando Alexandre Magno conquistou o Oriente, aos poucos foi-se impondo aos diversos povos conquistados a língua grega. Dentre eles também a Palestina. Em vão os rabinos tratavam de lutar contra sua penetração, salvando assim o hebraico e a cultura semita. "Quem ensina o grego a seu filho — diziam eles — é tão maldito quanto aquele que come porco."

Mesmo assim, até os grandes doutores da Lei, como Gamaliel, sabiam o grego. E o próprio São Paulo, fanático judeu, empregava-o com bastante correção, como se vê em suas cartas.

No tempo de Jesus o grego era conhecido pelas autoridades romanas e também pelas pessoas do comércio e dos negócios internacionais. Na Galileia, limitada por territórios de língua grega e que sempre foi uma região de população mista e com rotas internacionais de comunicação, o grego devia ser bastante difundido. O que nos leva a pensar que também seria falado em Nazaré.

Não é, pois, improvável que Jesus tenha aprendido esse mínimo de grego que se pode assimilar quando se está em contato frequente com as pessoas que o falavam.

Diálogos sem tradutor

É possível saber quando Jesus falou o grego? Se nos ativermos aos relatos evangélicos, podemos supor que o fez em cinco ocasiões

A primeira, quando curou um endemoninhado na cidade de Gerasa (Mc 5,1-20). Que se tratava de uma região grega e não judaica, pode ver-se pela vara de porcos que havia ali, animais proibidos em território judaico.

A segunda, quando ao cruzar a região da Fenícia, de língua grega, veio-lhe ao encontro uma mulher, pedindo-lhe que curasse sua filhinha de um espírito imundo. O diálogo da mulher com Jesus, que lhe concede o milagre por causa de sua fé, deve ter sido em grego (Mc 7,24-30).

A terceira vez foi quando o centurião de Cafarnaum, um militar romano e por isso conhecedor da língua grega, pediu-lhe a saúde para um empregado seu prestes a morrer (Lc 7,1-10).

A quarta aconteceu no Templo de Jerusalém, quando Felipe e André conseguiram de Jesus uma audiência para uns gregos que queriam falar com ele (Jo 12,20-21). Eram judeus estrangeiros que, impressionados com o que se dizia dele e estando de passagem alguns dias por causa da Páscoa, queriam conhecê-lo pessoalmente.

Finalmente, durante a paixão, no interrogatório a que Pilatos submeteu Jesus. Não pode ter sido em outra língua senão o grego. Parece pouco provável que o governador Pilatos se desse ao trabalho de aprender a língua de seus administrados. E parece que Jesus respondeu diretamente as perguntas, sem necessidade de intérprete (Mt 27,11).

Jesus sabia escrever?

Para nós, uma pessoa que sabe ler sabe também escrever, uma vez que as duas funções estão normalmente unidas. Na antiguidade não era assim. Para escrever era preciso aprender uma técnica toda e particularmente custosa; era preciso comprar papiros, pergaminhos ou tabuletas enceradas, além dos tinteiros e penas, que não estava ao alcance de qualquer pessoa.

Por isso saber escrever era toda uma arte, uma profissão. E aquele que conseguia dominá-la recebia, no antigo oriente, o nome de "escriba".

Provavelmente, na sua infância Jesus aprendeu não somente a ler mas também a escrever na sinagoga de seu povoado. De fato, ao menos uma vez, no Evangelho de João, nós o vemos escrevendo. Foi quando apresentaram-lhe uma mulher surpreendida em adultério. Diante das perguntas de seus acusadores, Jesus, sem nada responder, "inclinando-se, escrevia com o dedo no chão" (8,6). E, diante da insistência deles, respondeu: "Aquele de vós que não tiver pecado, atire a primeira pedra. E, inclinando-se de novo, continuou escrevendo com o dedo no chão" (8,8).

Não nos é dito o que escrevia Jesus, mas muitos estudiosos têm suposto que eram as palavras do Êxodo 23,7: "Afasta-te de causas mentirosas. Não mates o inocente e o justo porque não vou absolver o culpado" (23,7).

Portanto, podemos responder que Jesus sabia escrever. Mas não era um escriba de profissão. Era um pregador do Reino de Deus, o que anunciava a Palavra definitiva do Senhor.

O verdadeiro idioma de Jesus

Podemos, pois, concluir que Jesus falava o aramaico, como língua materna. Foi a língua que estruturou seu pensamento, sua vida, seu coração. Falava-o, sim, num dialeto galileu.

Compreendia e lia também o hebraico clássico, a língua das Sagradas Escrituras e podia traduzi-lo para o aramaico.

Conhecia e falava também o grego. Ao menos o necessário para os frequentes contatos que tinha com os judeus que vinham do estrangeiro, ou com pessoas de origem grega.

Mas Jesus falava e ensinava a falar de modo especial a linguagem do amor. A única linguagem capaz de comunicar-nos e fazer-nos entender com pessoas de todas as línguas, culturas e com o mundo todo. A linguagem que nos faz comunicar-nos inclusive com os mais distantes estrangeiros, como são nossos possíveis inimigos.

Por isso uma vez ensinou: "Amai vossos inimigos e orai pelos que vos perseguem para serdes filhos de vosso Pai que está nos céus" (Mt 5,44-45).

JESUS MANDOU QUE AMÁSSEMOS OS INIMIGOS?

Algo incrível

Um dos sermões mais revolucionários e exigentes pronunciado por Jesus é o assim chamado "Sermão da Montanha" (Mt 5–7).

Perante seus ouvintes atônitos, disse nesse dia, entre outras coisas, que se pode cometer adultério apenas com um olhar (5,27-28); que dizer a alguém "imbecil" equivale a matá-lo (5,21-22); que, se alguém nos fizer mal, não devemos oferecer-lhe resistência (5,38-39). Talvez em nenhuma outra parte, como aqui, Ele resume o elevado ideal que supõe o cristianismo.

Mas o assombro chega já ao máximo, quando ao mediar seu sermão, o Senhor exclama: "Ouvistes que foi dito: Amarás teu próximo e odiarás teu inimigo. Pois eu vos digo: amai vossos inimigos e orai pelos que vos perseguem" (5,43-44).

Se Jesus não o tivesse dito, parecer-nos-ia ridículo e absurdo. Ainda assim custa-nos crer que esteja falando sério. De fato, é possível mandar alguém amar? Pode alguém ordenar-nos que sintamos afeto pelo outro? Se a inclinação carinhosa para com uma pessoa é espontânea e involuntária, como pode Jesus obrigar-nos a isso? E pior ainda: como amar alguém que é nosso inimigo?

O amor sexual

Para evitar conclusões equivocadas, é preciso averiguar o que Jesus quis dizer e assim saberemos o que na realidade exigiu de seus seguidores, quando ordenou amar aos inimigos.

Todo o problema está em que há línguas que usam sempre o único e mesmo verbo amar, seja qual for o amor ou o sentimento a que queiramos nos referir. Acontece, porém, que na língua grega, em que foram compostos os Evangelhos, há quatro verbos distintos para descrever amar, cada qual com um sentido diferente.

Em primeiro lugar temos o verbo *"erao"* (de onde vem a palavra eros, e o adjetivo erótico). Significa amar, mas em sentido sexual. É empregado sempre para referir-se ao afeto passional, à atração mútua do homem e da mulher em seu aspecto espontâneo e instintivo. Alude, pois, ao amor prazeroso.

Por exemplo, no livro de Ester se diz: "o rei (Assuero) a preferiu (*erao*) a todas as outras mulheres e ela conquistou sua simpatia e seu amor mais do que qualquer outra moça" (2,17). E no livro do profeta Ezequiel lemos: "Por isso vou reunir todos os que te amaram (*erao*) aos quais procuraste agradar, todos os que amavas e odiavas. Vou descobrir-

-lhes tua nudez para que a vejam por inteiro" (16,37). Esse verbo emprega-se, pois, em grego para descrever o amor romântico e carnal.

O amor familiar

Outro verbo grego que significa amar é *"stergo"*. Indica o amor familiar, o carinho do pai para com seu filho ou do filho para com seu pai.

Platão, por exemplo, dizia: "O filho ama (*stergo*) aqueles que o trouxeram ao mundo e é amado por eles". Outro escritor grego, Filémon, expressava: "Um pai é suave para seu filho quando é capaz de amá-lo (*stergo*)".

Também na Bíblia aparece esse verbo. São Paulo, em sua carta aos romanos, pedia-lhes: "Seja sincera vossa caridade. Aborrecei o mal, atendo-vos ao bem. Sede cordiais no amor fraterno (*stergo*) entre vós. Rivalizai em honrar--vos reciprocamente" (Rm 12,9-10). Paulo usa de propósito esse verbo, pois considera que os cristãos devem sentir--se membros de uma mesma família.

"Stergo" refere-se, pois, ao amor doméstico, de família, esse amor que não se merece, mas brota naturalmente dos laços de parentesco.

O amor de amigos

Um terceiro verbo que se emprega para dizer amar é *"fileo"*. Expressa o amor de amizade, o afeto cálido e terno que se sente entre amigos. Em português seria mais apropriado traduzi-lo por gostar, querer bem. Assim, quando Lázaro, o amigo de Jesus, ficou doente, suas irmãs mandaram dizer-lhes: "Senhor, aquele a quem amas (*fileo*) está doente" (Jo 11,3). E quando Maria Madalena não encontra o corpo de Jesus no sepulcro, sai correndo para buscar Pedro e "o outro discípulo a quem Jesus amava" (*fileo*) (Jo 20,2). E o autor da carta a Tito despede-se: "Saúda todos os que nos amam (*fileo*) na fé" (3,15).

O verbo está tão relacionado com a ação de gostar, querer com amizade, que dele originou-se a palavra "*filos*" (amigo), muito empregada no Novo Testamento. Assim, na parábola do filho pródigo, o irmão mais velho reclama a seu pai: "Há tantos anos que eu te sirvo, sem nunca haver desobedecido uma ordem, e nunca me deste sequer um cabrito para festejar com os amigos (*filos*)" (Lc 15,29). E o próprio Jesus, ao despedir-se de seus apóstolos na última ceia, lhes diz: "Vós sois meus amigos (*filos*), se fizerdes o que vos mando" (Jo 15,14).

Vemos, então, que em geral se reserva a palavra "*fileo*" para o amor de camaradagem, de amizade, amor que de algum modo supõe uma resposta, uma retribuição.

O amor caritativo

Resta ainda o quarto e último verbo, o "*agapao*". Utiliza-se para o amor de caridade, de benevolência, de boa vontade; o amor capaz de dar e continuar dando sem esperar que se devolva nada em troca. É o amor totalmente desinteressado, completamente abnegado, o amor com sacrifício. Desse verbo deriva-se a palavra *ágape* (amor de caridade).

É o que usa São João no início do relato da última ceia: "Antes da festa da Páscoa, Jesus sabia que havia chegado a hora de passar deste mundo para o Pai. E como amasse os seus (*agapao*) que estavam no mundo, amou-os até o fim" (Jo 13,1). E quando Jesus diz: "Como o Pai vos ama, assim também eu vos amei (*agapao*). Permanecei no meu amor" (Jo 15,9). E quando lembra aos apóstolos: "Ninguém tem maior amor (*agapao*) do que aquele que dá sua vida pelos amigos" (Jo 15,13).

Segundo essa quarta categoria de amor, não importa o que uma pessoa faça ou deixe de fazer; não importa o modo como nos tratem, ou se nos injuriam ou ofendem. Em nós sempre estará a possibilidade de amá-la, que não consiste em sentir algo por ela, mas sim em fazer algo em seu favor, prestar-lhe algum serviço, oferecer-lhe nossa ajuda, mesmo que não nos sintamos bem afetivamente falando.

O amor de "*agapao*" não consiste no afetivo, mas no efetivo. É um amor racional e ativo. É o amor teológico. O amor total.

Pergunta pretensiosa

Como dissemos antes, para traduzir esses quatro verbos gregos em muitas línguas só há uma palavra: amar. Isso dificulta captar as diferenças de cada um.

Um exemplo, já clássico, é o célebre episódio em que Jesus ressuscitado aparece aos apóstolos, junto ao lago de Tiberíades. Depois de tomar refeição com eles, perguntou a Simão Pedro: "'Simão, filho de João, tu me amas mais do que estes?' Ele respondeu: 'Sim, Senhor, tu sabes que eu te amo'. Disse Jesus: 'Apascenta meus cordeiros'. Pela segunda vez perguntou: 'Simão, filho de João, tu me amas?' Pedro respondeu: 'Sim, Senhor, tu sabes que eu te amo'. Jesus lhe disse: 'Apascenta minhas ovelhas'. Pela terceira vez perguntou Jesus: 'Simão, filho de João, tu me amas?' Pedro ficou triste por lhe ter perguntado três vezes 'tu me amas?' e lhe disse: 'Senhor, tu sabes tudo, sabes que te amo'. Disse-lhe Jesus: 'Apascenta minhas ovelhas'" (Jo 21,15-17).

Esse relato esconde, em grego, um jogo de palavras que resulta intraduzível em muitas línguas.

Uma resposta humilde

De fato, quando Jesus pergunta pela primeira vez a Pedro, se o ama, usa o verbo *"agapao"*. A frase soou assim: "Simão, *agapás me?*" (v. 15). Pedro, porém, responde com *"fileo"* e lhe diz: *"Filo se"*. Isto é, Jesus pergunta a Pedro se o ama com o amor total, o amor de entrega e de serviço incondicional, o amor que compromete a fundo a vida sem esperar recompensa. E Pedro, que dias antes havia traído o Senhor e sabia que era frágil e imaturo, responde humildemente com o verbo *"fileo"*, menos pretensioso. Não se sente capaz do amor supremo de *"agapao"*.

Quando Jesus lhe pergunta pela segunda vez: "Simão, *agapás me?*" (v. 16), Pedro advinha a insistência de seu Mestre, mas mais uma vez responde com o verbo *"fileo"*.

Então Jesus, que nunca exige de ninguém além de suas possibilidades, e que sabe esperar com paciência o processo de amadurecimento de cada um, pergunta pela última vez, agora, porém, em termos que Pedro possa responder:

com o verbo "*fileo*": "Simão, *fileis me*"? Então sim, Pedro, embora triste, sente-se identificado com a pergunta e responde nestes termos. E Jesus o aceita. Mas prediz que seu amor não pararia aí. Que crescerá, amadurecerá e chegará ao "*agapao*" requerido, pois um dia chegará a dar sua vida pelo Mestre (Jo 21,18-19).

Ainda que saibamos que Jesus falava em aramaico, o evangelista pôs esse diálogo em sua boca para deixar-nos uma preciosa lição.

O que pede o mandamento

Retomando a frase de Jesus, quando ordenou amar os inimigos, não utilizou o verbo *erao*, nem *stergo*, nem *fileo*, mas *agapao*. E com essa precisão podemos descobrir melhor o que quis ensinar.

Jesus nunca pediu que amássemos nossos inimigos do mesmo modo que amamos nossos entes queridos. Não pretendeu que sentíssemos o mesmo afeto que sentimos por nosso cônjuge, nossos familiares ou nossos amigos. Se tivesse querido isso, teria usado outros verbos.

O amor que Jesus exige aqui é outro. É o "*ágape*". E ele não consiste num sentimento, nem em algo do coração. Se dependesse de nosso afeto, não só seria uma ordem impossível de cumprir, mas também absurda, já que ninguém pode obrigar-nos a sentir afeto.

O *ágape* que Jesus pede consiste em uma decisão, numa atitude, numa determinação que pertence à vontade. Isto é, ele convida a amar, mesmo indo contra os sentimentos que experimentamos instintivamente. O amor que ordena não obriga a sentir consideração ou estima por quem nos ofendeu, nem devolver a amizade a quem nos agravou ou defraudou. Não. O que pede é a capacidade de ajudar e prestar um serviço de caridade, se algum dia quem nos ofendeu, precisar.

Ele preferiu ilustrá-lo

O próprio Jesus se encarrega de explicar, no Evangelho de Lucas, o alcance do amor aos inimigos. Isto Ele o faz com três breves comentários (Lc 6,27-28).

Em primeiro lugar ele diz: "Amai vossos inimigos". Não só proíbe a vingança das ofensas recebidas, mas manda ajudá-los, se em dificuldades e necessitados de nós. É o que diz São Paulo: "Se teu inimigo tiver fome, dá-lhe de comer; se tiver sede, dá-lhe de beber". E acrescenta, citando o livro dos Provérbios: "Pois, assim fazendo, amontoas brasas ardentes sobre sua cabeça" (Rm 12,20). Entende-se pelo remorso e pela inquietação, uma vez que ele verá que é nosso inimigo enquanto que nós não somos inimigos dele.

Em segundo lugar pede: "Falai bem dos que falam mal de vós". O mesmo que "bendizei-os", que significa "dizer bem", "falar bem" de alguém. Não se trata, certamente, de mentir virtudes alheias, nem de dizer que alguém é bom quando na verdade não o é, nem de louvá-lo quando não merece. Falar bem significa poder falar de alguém que merece e é justo fazê-lo, mesmo que tenhamos algo contra ele ou nos é antipático.

Em terceiro lugar acrescenta: "Orai por aqueles que vos caluniam". Orar por alguém que precisa, ainda que inimigo nosso, é uma maneira de enviar para seu coração a graça de Deus. E nunca a graça de Deus sobre nossos inimigos pode resultar perniciosa para nós. Ao contrário, nossa oração o beneficiará e teremos, assim, alguém menos inimigo. Além disso, ninguém pode rezar pelo outro e continuar com o mesmo ressentimento. Acontece algo no interior daquele que reza que o impede de sentir o rancor de antes.

Orar por alguém que nos ofendeu é a forma mais segura de começar a curar as feridas interiores. É, pois, uma maneira de também rezar por nós.

Perdão e esquecimento

Resta-nos ainda esclarecer uma questão. Muitos sentem-se culpados porque perdoaram, mas não conseguem esquecer. E julgam isso mal, mas não podem esquecê-lo.

O perdão implica necessariamente o esquecimento? Para tranquilidade dos cristãos, devemos dizer que não, que não é necessário esquecer. Porque a memória é uma faculdade que trabalha independentemente de nossa vontade. A prova está em que muitas vezes queremos recordar coisas que não conseguimos mais. E outras vezes queremos esquecer situações vividas e não podemos.

Quando uma pessoa é ofendida, se tem boa memória ou se a ofensa foi muito grande, possivelmente lembrar-se--á dela por muito tempo. E não tem culpa. Por isso o perdão não supõe necessariamente o esquecimento. Alguém pode perdoar e continuar recordando-se da ofensa. Pode desculpar um agravo e evocá-lo espontaneamente de tempo em tempo.

O que não se deve fazer é trazer para a memória constantemente, e por própria vontade, as recordações desagradáveis e as injúrias sofridas, para mantê-las vivas. Isso seria uma forma doentia de recordar.

Iguais a seu Pai

Por que nós, cristãos, devemos ter amor para com os nossos inimigos, atitude de serviço para com aqueles que nos ofenderam, boa vontade para com todos? Jesus o explica: porque assim pareceremos mais com Deus. Ele age desta forma: "assim vos tornareis filhos do vosso Pai que está nos céus; pois Ele faz nascer o seu sol sobre maus e bons e faz cair a chuva sobre justos e injustos" (Mt 5,45).

Essa atitude de Deus pode parecer-nos desconcertante. Inclusive os judeus sentiam-se comovidos e impressionados com a extraordinária benevolência que Deus demonstra tanto pelos santos como pelos pecadores. Uma lenda judaica conta que quando os egípcios, ao perseguir os israelitas durante o êxodo, afundaram-se nas águas do Mar Vermelho, os anjos entoaram, no céu, cânticos de alegria. Deus, porém, os fez calar e os reprovou com tristeza: "A obra de minhas mãos acaba de perecer afogada no mar e vocês me cantam um hino de louvor?"

Mas o amor de Deus é universal. Seu auxílio, sua disponibilidade, sua proteção são para todos os homens, quer crentes ou ateus, quer o amem ou o ofendam. E assim também deve ser o nosso amor. É o único modo de nos tornarmos semelhantes a Ele.

QUANDO FOI A ÚLTIMA CEIA DE JESUS?

A postura de São João

Na Quinta-feira Santa todos os católicos do mundo celebram a memória da última ceia, na qual Jesus instituiu a Eucaristia, lavou os pés de seus apóstolos e nos deixou o mandamento do amor. No dia seguinte, sexta-feira, morria pregado na cruz, às três da tarde.

Mas em que dia se deu de fato essa ceia? Para podermos colocar o problema convém que tenhamos presente uma característica dos judeus. Enquanto que para nós o dia começa a zero hora, ou seja, à meia-noite, a partir da qual se conta um novo dia, para os judeus, porém, o dia começa na tarde anterior, lá pelas dezessete horas. Assim a segunda começa na tarde do domingo; a terça, na tarde da segunda e assim por diante.

Pois bem, segundo o Evangelho de São João, a festa da Páscoa, em que morreu Jesus, nesse ano caiu no sábado (19,31) e portanto os judeus deviam comer o cordeiro pascal na sexta, ao anoitecer. Mas como Jesus estaria morto na sexta, às três da tarde, e não chegaria a cear oficialmente com seus apóstolos, ele adiantou-a para a quinta, ao anoitecer. Por isso São João diz que Jesus celebrou a última ceia "antes da festa da Páscoa" (Jo 13,1). Ou seja, na quinta-feira à noite, data que tradicionalmente seguimos na Liturgia.

A contradição dos outros três

Para os outros três evangelistas, ainda que coincidam com João em que Jesus morreu numa sexta-feira, às três da tarde (Mt 27,62; Mc 15,42; Lc 23,54), afirmam que sua ceia se deu na festa da Páscoa.

Assim, Mateus e Marcos sustentam que se reuniram para comer "no primeiro dia dos Ázimos, quando se imolava o cordeiro pascal" (Mt 26,17; Mc 14,12). E Lucas, de forma mais explícita ainda, declara que o Senhor sentou-se para cear durante "a festa dos Ázimos, chamada Páscoa" (Lc 22,1.7.14). Os Ázimos eram o primeiro dos sete dias que durava a festa da Páscoa. Isto é, para os três evangelistas sinópticos, Jesus ceou com seus apóstolos no mesmo dia da Páscoa. Depois foi preso e morreu crucificado em meio à soleníssima festa pascal.

A solução: Qumrán

O problema de conciliar essa contradição dos Evangelhos e ver se Jesus realizou sua última ceia na noite mesma da Páscoa (sexta-feira), como afirmam os Evangelhos sinópticos, ou um dia antes (quinta-feira), como sustenta João, já é clássico. E ao longo dos séculos foram propostas diferentes soluções, sem que nenhuma chegasse a convencer.

Até que em 1947 foram descobertos os manuscritos de Qumrán. E com eles surgiu uma nova solução que parece aclarar de modo plausível o enigma.

O que são os manuscritos de Qumrán? Formavam parte de uma biblioteca do séc. I a.C., pertencente a uma seita judaica chamada essênios. Dentre os numerosos livros aí encontrados, acharam dois (o Livro dos Jubileus e o Livro de Henoc) que mostravam que nos tempos de Jesus eram usados dois calendários distintos. Um, chamado calendário solar, baseado no curso do sol, que constava de 364 dias e distribuía de tal maneira os meses que as festas importantes caíam na quarta-feira. Dessa maneira o ano novo era sempre na quarta, assim como a festa dos Tabernáculos e a Páscoa.

Por que esse calendário começava o ano sempre na quarta-feira? Porque, segundo o Gênesis, quando Deus criou o mundo, no quarto dia (quarta-feira) fez o sol, a lua e as estrelas, e a partir daí começa o curso do tempo.

A mudança do calendário

Tal calendário foi usado pelos judeus durante muitos séculos. De fato, nos livros do Antigo Testamento podemos constatar que tanto as datas como as cronologias, a festa da Páscoa (que sempre caía na quarta-feira) e as demais festividades, regiam-se segundo esse calendário solar.

Até que uns duzentos anos antes de Cristo, segundo a nova hipótese, os sacerdotes do Templo de Jerusalém resolveram mudar o calendário, adotando um outro chamado "lunisolar" porque baseava-se numa combinação do sol com a lua. Esse era mais exato, já que constava de 365 dias. Havia, porém, uma variante: nele a festa da Páscoa podia cair em qualquer dia da semana.

Pouco a pouco o novo calendário foi difundindo-se entre o povo. Mas nessa época as mudanças levavam muito tempo para se impor. O que explica que duzentos anos depois, na época de Jesus, grande parte do povo seguia observando ainda o calendário velho e celebrando as festas segundo as antigas datas. Inclusive um setor dos judeus, os essênios de Qumrán, negaram-se a aceitar o novo calendário por considerá-lo uma mudança inadmissível à Lei de Moisés. Mantinham-se firmes na observância do calendário primitivo, como podemos ler em seu *Manual de disciplina*, encontrado em Qumrán: "Que não se saia um passo fora daquilo que a Palavra de Deus diz de seus tempos. Que não adiantem suas datas, nem atrasem nenhuma de suas festas".

Os dois tinham razão

Na época de Jesus, pois, estavam em vigor dois calendários. Um, o mais antigo, entre os estratos mais populares, em que a ceia da Páscoa caía sempre na quarta-feira (ou seja, na terça à noite). E o outro, utilizado pelo sacerdócio oficial e pelas classes mais elevadas, em que a festa da Páscoa podia cair em qualquer dia da semana. No ano em que Jesus morreu caiu precisamente no sábado.

Agora bem, se supusermos que Jesus celebrou a última ceia com seus apóstolos baseando-se no calendário mais antigo, isto é, na terça pela noite, dia em que o povo mais simples também celebrava, desaparece então automaticamente a contradição dos Evangelhos.

De fato, ao cear Jesus na terça-feira, os Evangelhos sinópticos podem afirmar que Jesus o fez "no mesmo dia da Páscoa", porque estão contando segundo o calendário antigo. Por outro lado, São João diz que Jesus ceou "antes da Páscoa", porque seguia o calendário oficial. E os dois têm razão.

Impossível que comportasse tudo

A nova hipótese, segundo a qual Jesus morreu na sexta-feira, como afirmam os quatro evangelistas, mas ceou na terça anterior, não só elimina as contradições evangélicas como também soluciona outras dificuldades, admitidas por todos os estudiosos.

Uma delas é a quantidade de fatos vividos por Jesus em tão poucas horas. Pois, se a última ceia foi na quinta e a crucifixão na sexta, ao meio-dia, temos apenas 18 horas de espaço para colocar todos os acontecimentos da paixão de Jesus.

Com efeito, sabemos que ao ser preso no horto de Getsêmani, Jesus foi levado à casa de Anás, o ex-sumo sacerdote, onde se deu o primeiro interrogatório (Jo 18,12). Depois o conduziram, amarrado, à casa de Caifás, o Sumo Sacerdote do turno (Jo 18,14). Aí aguardaram a reunião do Sinédrio, tribunal supremo de justiça entre os judeus, integrado por todos os sumos sacerdotes, anciãos e escribas (Mc 14,53). Durante essa sessão noturna tentaram conseguir testemunhas falsas que acusaram Jesus. O que criou problemas, pois as que foram encontradas estavam em desacordo em seu testemunho (Mc 14,55-59). Depois o humilharam com golpes, escarros e zombarias (Mc 14,65). Ao amanhecer reuniu-se pela segunda vez o Sinédrio, com seus 71 membros (Mc 15,1) e decidiram condenar Jesus à morte.

O longo processo romano

Mas as coisas não pararam aí. Depois do processo religioso, levaram Jesus perante Pilatos, o governador civil (Lc 23,1). A sessão deve ter durado bastante. Houve, antes, uma reunião entre os judeus e o governador romano, quando apresentaram-lhe as acusações. Seguiu um interrogatório secreto a Jesus, a declaração de inocência por parte de Pilatos e novas e repetidas acusações por parte dos judeus.

Pilatos, para livrar-se do acusado que julgava inocente, decidiu remetê-lo a Herodes Antipas, governador da Galileia, uma vez que Jesus, por ser galileu, pertencia à sua jurisdição (Lc 23,7). Esse encontro também deve ter levado tempo, pois o Evangelho afirma que Herodes lhe fez muitas perguntas (Lc 23,9). Finalmente, devolveu-o outra vez a Pilatos (Lc 23,11).

O governador, então, deu-se ao trabalho de reunir novamente os sumos sacerdotes, os magistrados e todo o povo. Depois de conversar mais uma vez com Jesus decide submeter à opinião popular a libertação de Barrabás ou de Jesus. A tudo isso sua mulher mandou-lhe dizer que não fizesse nada a Jesus, pois naquela noite tivera um pesadelo por causa de seu julgamento. Mas, diante da insistência do povo, Pilatos decide soltar a Barrabás (Mt 27,11-25). Seguiram-se o rito da flagelação, a coroação de espinhos, as últimas tentativas de libertar Jesus e finalmente a sentença e a lenta caminhada até o Calvário (Mt 27,27-31). E tudo isso entre a noite de quinta e o meio-dia de sexta-feira.

A nova distribuição

É de fato impossível colocar em tão curto espaço de tempo todos esses acontecimentos mencionados. No entanto com a nova data da última Ceia tudo se distribui muito melhor da seguinte maneira:

Terça-feira: ao anoitecer Jesus celebra a Páscoa. Depois se dirige ao monte das Oliveiras para rezar. Aí é preso e levado perante o sumo sacerdote.

Quarta-feira: pela manhã dá-se a primeira sessão do Sinédrio que ouve as testemunhas. Jesus passa essa noite no cárcere dos judeus.

Quinta-feira: pela manhã o Sinédrio delibera de novo e dá a sentença de morte a Jesus. Imediatamente ele é levado diante de Pilatos que o interroga e o envia a Herodes. Jesus passa essa noite no cárcere dos romanos.

Sexta-feira: pela manhã Pilatos recebe pela segunda vez a Jesus. Ele o faz flagelar, coroa-o de espinhos, pronuncia a sentença e o manda crucificar. Às três da tarde ele morre na cruz.

Um julgamento segundo a lei

Há, porém, uma terceira vantagem que favorece a nova hipótese da última ceia de Jesus na terça-feira. Pelo *Mishná* (livro sagrado dos judeus que recolhe a legislação complementar do Antigo Testamento), sabemos, se seguirmos a data tradicional, que havia uma série de leis que foram violadas.

De fato, a legislação judaica prescrevia que todo julgamento devia acontecer durante o dia. Se Jesus ceou na quinta-feira devemos supor que o Sinédrio realizou a sessão à noite, o que era ilegal. E, por outro lado, resulta improvável que os membros do Sinédrio e as testemunhas já tivessem se reunido para a sessão naquela hora da noite, sem ter a certeza de que Jesus seria preso. Por outro lado, se a ceia foi na terça, podemos supor que as sessões tivessem tido lugar na manhã de quarta e quinta.

Além disso sabemos pela *Mishná* que estava proibido condenar à morte um réu na véspera de sábado ou de festa. Se seguirmos o cômputo tradicional, Jesus teria sido condenado à morte pelo Sinédrio na sexta-feira pela manhã, vésperas do sábado e da festa da Páscoa. Ao contrário, com a nova teoria, Jesus seria condenado à morte na quinta, pela manhã, quando faltava ainda um dia e meio para a Páscoa e para o sábado.

A Lei judaica prescrevia também que ninguém fosse condenado à morte dentro de 24 horas a partir de sua prisão, para evitar que não pesassem nas discussões os ânimos exaltados. Segundo a cronologia breve, Jesus foi condenado à morte a poucas horas de ser aprisionado. Ao contrário, na cronologia longa, seria preso na terça, pela noite, e condenado na quinta, pela manhã, no prazo estipulado pela Lei.

Se condenaram Jesus por violar a Lei, parece improvável que no julgamento que lhe fizeram se transgredisse de modo tão grosseiro essa mesma Lei, que se procurava defender.

O silêncio dos dias

Se sustentarmos que a última Ceia se deu na terça-feira e que Jesus morreu na sexta, outros detalhes também se tornam mais claros.

Por exemplo, os Evangelhos narram, passo a passo, os últimos dias de Jesus até terça-feira à noite. Mas sobre a quarta e a quinta não dizem nenhuma palavra. Esse misterioso silêncio levou a pensar que Jesus teria passado esses dias de forma privada com os apóstolos. Sabemos agora que esteve no cárcere, como parte de sua longa paixão.

O apoio da tradição

Por fim, encontramos na tradição cristã uma boa confirmação dessa nova hipótese da última Ceia.

Sabemos, de fato, que na Igreja primitiva, os primeiros cristãos jejuavam na quarta e na sexta-feira. Provavelmente, esse costume surgiu de uma tradição que considerava a quarta-feira como o dia da prisão de Jesus e a sexta como o dia de sua morte.

Um antigo escrito do século II, chamado *Didascália dos Apóstolos*, informa-nos que: "Depois de ter comido a Páscoa, na terça, pela tarde, nós (os apóstolos) fomos ao monte das Oliveiras e ao anoitecer prenderam o Senhor. No dia seguinte, quarta-feira, permaneceu encarcerado na casa do sumo sacerdote".

Victorino de Pettau, bispo de Estiria, falecido lá por 304, deixou-nos um escrito onde diz: "Cristo foi aprisionado no quarto dia (terça pela tarde, quarta-feira para os judeus). Pela sua prisão jejuamos na quarta. Por sua paixão, na sexta". Outro bispo, Epifânio de Salamina (Chipre), falecido em 403, também escreveu: "Quando começava a quarta (terça ao anoitecer) o Senhor foi preso e, na sexta, crucificado".

Há, pois, uma antiquíssima tradição, pelo menos do século III, que apoia a hipótese da Ceia pascal na terça-feira à tarde.

Fiel até o fim

A Igreja, seguindo o Evangelho de São João, sempre recordou a Quinta-feira Santa como o dia da última Ceia. Com a nova hipótese da terça terá de mudar a liturgia da Semana Santa? Claro que não. A Liturgia, na Igreja, tem uma finalidade pedagógica e não histórica. E assim como celebramos o nascimento de Jesus no 25 de dezembro, mesmo sabendo que não historicamente certo, podemos continuar celebrando a última Ceia na quinta, pois o que conta é tirar proveito espiritual.

A paixão de Cristo foi muito mais longa do que comumente pensamos. Não durou umas poucas horas, mas sim vários dias. O que confirma que sua morte não foi o desfecho inesperado de uma multidão exaltada e irracional que em umas tantas horas decidiu seu fim, mas a resolução premeditada e consentida pelas autoridades judaicas, romanas e pelo povo todo.

A paixão de Cristo aparece, assim, com contornos muito mais dramáticos e pavorosos do que aqueles sobre os quais estamos habituados a meditar. Aparece também com maior claridade sua inexorável vontade de seguir até o fim, não obstante os penosos quatro dias de tormento nos quais buscaram quebrantar sua resistência. Jesus não foi fiel em umas poucas horas, mas durante todo o tempo que durou sua paixão. Nós, seus discípulos, não devemos contentar-nos em sermos fiéis algum tempo, mas sim até o fim.

SÃO PAULO ERA ANTIFEMINISTA?

Para amargurar um casamento

Conforme o dicionário a palavra "misógino" significa "aquele que tem aversão às mulheres ou as menospreza". E uma das acusações mais frequentes que os leitores da Bíblia levantam contra Paulo é o de ser misógino, antifeminista, machista. Pretende-se responsabilizá-lo por vinte séculos de suposta opressão às mulheres na Igreja.

Por que lhe imputam tão graves acusações? Porque, dizem, quando alguém lê suas cartas que se conservaram na Bíblia, não poder deixar de sentir a discriminação que se faz em relação à mulher.

Muitos recordam, com tristeza, a leitura da "Carta de São Paulo", ouvida com má vontade durante a cerimônia de seu casamento: "Do mesmo modo, desejo que as mulheres, vestidas decentemente com recato e modéstia, enfeitem-se sem frisar os cabelos, sem ouro nem pérolas nem vestidos de luxo, mas com boas obras, como convém a mulheres que fazem profissão de piedade. A mulher ouça a instrução em silêncio com espírito de submissão. Não permito que a mulher ensine nem se arrogue autoridade sobre o marido, mas permaneça em silêncio. Pois o primeiro a ser criado foi Adão, depois Eva. E não foi Adão que se deixou iludir e sim a mulher que, enganada, incorreu em transgressão" (1Tm 2,9-14).

Com sentimentos machistas

Esses e outros escritos têm criado uma imagem triste de Paulo, especialmente entre os cristão tíbios e mal informados e têm contribuído para apresentá-lo como alguém bem mais antipático, negativo e propagador de um cristianismo inaceitável e decadente.

Essas acusações procedem? Se analisarmos um pouco melhor as cartas que ele escreveu e aprofundarmos seu pensamento, veremos que não é, de fato, assim. E que um grande mal-entendido obscureceu a figura desse grandioso personagem da Igreja primitiva.

Quais são os textos polêmicos de Paulo que revelariam sua postura contra a mulher?

Antes de tudo, um parágrafo da Primeira Carta aos Coríntios mostra-o contrário ao matrimônio. "Acerca das virgens não tenho preceito do Senhor; mas posso dar conselho, porque obtive a misericórdia de ser digno da fé. Creio, pois, que por causa das angústias do presente é bom que o homem fique assim. Estás ligado a uma mulher? Não procures a separação. Estás livre de mulher? Não procure mulher. Se casares, não pecas... mas assim tereis de ser submetidos aos sofrimentos da vida matrimonial, que eu quisera poupar-vos" (1Cor 7,25-28).

A mulher no mais baixo

Essa mesma carta traz outra afirmação controvertida: "as mulheres se calem nas assembleias porque não lhes compete falar, mas viver sujeitas, como diz a Lei. Se quiserem aprender alguma coisa, perguntem em casa a seus maridos porque não é conveniente a mulher falar na assembleia" (1Cor 14,34-35).

Um pouco antes também dissera: "Pois bem: quero que saibais que a cabeça de todo homem é Cristo e a cabeça da mulher é o homem e a cabeça de Cristo é Deus... E toda mulher que reza ou profetiza de cabeça descoberta desonra sua cabeça; é como se a raspasse. Se uma mulher não se cobre, que se raspe. E, se é indecoroso para uma mulher cortar o cabelo ou raspar-se, que se cubra. O homem não deve cobrir a cabeça porque é imagem e glória de Deus; mas a mulher é glória do homem, pois o homem não procede da mulher e sim a mulher do homem; nem o homem foi criado para a mulher, senão a mulher para o homem. Deve, pois, a mulher trazer o sinal da sujeição, em respeito aos anjos" (1Cor 11,3-10).

Paulo era casado?

Para esclarecer a mentalidade de Paulo sobre a mulher veremos em primeiro lugar que papel ela desempenhava em sua vida. Comecemos perguntando-nos: ele era casado? Em uma de suas cartas ele afirma que não tinha esposa (1Cor 7,7-8). Mas, será que a teve alguma vez?

Ele confessa ter sido um fiel e pleno cumpridor da Lei judaica. Mais ainda: um fanático judeu (Fl 3,5-6). Todo bom judeu tinha obrigação de casar-se, uma vez que, segundo o Gênesis, Deus havia ordenado: "Sede fecundos e multiplicai-vos, enchei e subjugai a terra" (Gn 1,28). Assim, não se casar era violar nada menos que o primeiro mandamento bíblico.

Sabemos também que os rabinos costumavam dizer: "Deus observa o homem para ver se ele se casa e se não o fez aos vinte anos, amaldiçoa-o". E mais grave ainda: "Aquele que não se ocupa da procriação é como alguém que derrama sangue".

Por ser o celibato malvisto entre os judeus, dificilmente Paulo não teria se casado. Pois bem, naquela época o matrimônio se dava entre os 18 e os 20 anos. Portanto, se no momento de sua conversão ao cristianismo o apóstolo já não tinha mulher, teria sido viúvo.

As mulheres de Paulo

Mas para Paulo, a mulher não deve ter sido importante só como esposa. Em suas cartas descobrimos o lugar especial que lhes deu durante a vida missionária. Por exemplo, em sua Carta aos Romanos (cap.16), ao despedir-se, envia saudações a 30 pessoas, das quais 10 são mulheres e todas adjetivadas muito positivamente. Vejamos:

A primeira a ser nomeada é Febe: "Recomendo-vos nossa irmã Febe, diácono da igreja de Cencreia" (Rm 16,1). A ela dá-lhe nada menos que o título de "diácono" (não "diaconisa", como traduzem algumas Bíblias). É o título que Paulo atribui a si mesmo, quando diz "o evangelho do qual eu, Paulo, fui ministro (diácono)" (Cl 1,23). E que utiliza igualmente para "Timóteo, nosso irmão e ministro (diácono) de Deus" (1Ts 3,2). Ou seja, ele considera Febe tão "ministro" (diácono) como ele mesmo ou Timóteo, que eram os dirigentes máximos da comunidade. E pedem aos romanos que se coloquem à disposição dela (16,2).

A segunda é Prisca: "Saudai Prisca e Áquila (seu esposo), meus cooperadores em Cristo Jesus" (16,3). Dá-lhe o título de cooperadora, o mesmo título atribuído ao bispo Timóteo (Rm 16,21) e que implica uma tarefa pastoral importante. Com efeito, a atividade de Prisca aparece constantemente na correspondência de Paulo. E, além disso, sempre figura mencionada antes de seu marido Áquila, fato surpreendente para um época em que o homem devia ser nomeado antes da mulher.

A exaltação da mulher

A terceira é Maria: "Saudai a Maria que muito trabalhou por vós" (16,6). Ainda que não se explique que trabalho fez, não se trata de varrer a sacristia ou trocar as velas do altar. Paulo usa o verbo "trabalhar" (*kopiáo*) para referir-se à evangelização, como se vê em outras partes das cartas.

A quarta é Júnias: "Saudai Andrônico e Júnias, patrícios meus e companheiros de cativeiro. São muito estimados entre os apóstolos e se converteram para Cristo antes de mim" (16,6-7). Aqui Paulo chega ao cume da valorização de uma mulher, ao aplicar-lhe o título de "apóstolo", tão importante e exclusivo do homem, nas primeiras comunidades.

Quinta e sexta mulheres: Trifena e Trifosa: "que trabalharam no Senhor" (16,12). Na linguagem paulina "trabalhar no Senhor" refere-se à proclamação do Evangelho que, pelo visto, Paulo permitia que as mulheres o fizessem. Também a sétima, "Pérside, muito amada, que trabalhou muito no Senhor" (16,12), aparece realizando essa tarefa exclusiva. A oitava é a mãe de Rufo, a quem carinhosamente chama de sua mãe também (16,13). E as duas últimas são Júlia e a irmã de Nereu (16,15), nomeada antes de "todos os irmãos", o que pode indicar que tivesse responsabilidades frente à comunidade.

Até no destinatário

Em outra Carta de Paulo, aos cristãos de Filipos, escrita nos anos antes de sua total dedicação apostólica, termina dirigindo-se a duas mulheres: "Exorto a Evódia, exorto também a Síntique que vivam em paz no Senhor... que trabalharam comigo no Evangelho, com Clemente e os demais colaboradores meus" (4,2-3). Alude, pois, a duas mulheres que colaboraram ao lado e no mesmo nível dos homens na evangelização daquela cidade. E na Carta a Filêmon à "irmã Ápia" (1,2) ele a menciona no cabeçalho, quando era algo inimaginável para a boa etiqueta daqueles tempos.

Esses elogios, pouco comuns para a correspondência e para a mentalidade de um homem da época, mostram-nos que na prática Paulo dava um lugar privilegiado à mulher.

Chegar ao máximo

Vejamos, em segundo lugar, a teoria de Paulo. Em sua Carta aos Gálatas, encontramos um dos textos mais ousados de quantos se tenham escrito em favor dos direitos femininos: "Já não há judeu nem grego, nem escravo nem livre, nem homem nem mulher, pois todos vós sois um em Cristo Jesus" (Gl 3,28).

Para entender a revolução que essas palavras provocam deve-se saber que na época de Paulo, toda manhã, ao se levantar, os judeus piedosos rezavam: "Senhor, eu te agradeço porque não me fizeste nascer escravo, nem pagão, nem mulher". Muitas vezes em sua vida de judeu, o próprio Paulo teria dado graças a Deus por não ter nascido mulher. Mas, uma vez convertido ao cristianismo, essa oração lhe pareceu absurda. E por isso, em sua Carta aos Gálatas, deixou assentado o princípio de que, diante de Cristo, a mulher já não corresponde a uma categoria desprezada. Ela tem os mesmos direitos e a mesma dignidade que o homem. Essa ousadia nem mesmo nossa avançada sociedade moderna ainda não acabou de digerir.

Fica, ainda, um terceiro e último ponto: Como pôde Paulo escrever os parágrafos que citamos no início? Vamos agora analisá-los.

Contra o matrimônio?

O primeiro é aquele que aconselhava a não se casar porque o matrimônio traz demasiados problemas que convém evitar (1Cor 7,25-28). Na verdade, Paulo responde aqui a uma pergunta que não lhe fizeram os fiéis em geral, mas sim os ministros da comunidade de Corinto, ou seja, os diáconos, apóstolos e profetas. Tratava-se de jovens de ambos os sexos que estavam mais perto do apóstolo e constituíam seu estado maior na evangelização de Corinto. Como é natural, entre alguns deles haveria relações em vista ao matrimônio. Mas perguntavam, tendo o exemplo de Paulo, se não era melhor permanecerem celibatários como seu chefe espiritual.

Paulo responde-lhes que não existe nenhum mandamento de Jesus sobre o celibato dos ministros. Não obstante, devido às grandes necessidades que a tarefa da evangelização comporta, o mais conveniente seria não se casar. Mas, se algum ministro não pode guardar o celibato, pode casar-se, sabendo que poderá continuar à frente de seu serviço, ainda que logicamente sobrecarregado pelas obrigações do matrimônio e do lar.

Por isso o conselho de Paulo de não se casar não é endereçado ao povo em geral, mas unicamente aos ministros da Igreja.

Frases suspeitosas

O segundo texto polêmico era aquele que ordenava às mulheres que se calassem no culto, que se mantivessem submissas e reservassem as perguntas para fazê-las a seus maridos em casa (1Cor 14,34-35). Todos os estudiosos da Bíblia têm notado que esses dois versículos aparecem de uma maneira brusca e além disso interrompem a ilação da carta. De fato, até o v. 33, Paulo vinha falando do dom da profecia e aconselhava que nas reuniões não falassem somente alguns, mas que todos tivessem oportunidade de falar. De repente aparecem os vv. 34-35 que proíbem às mulheres de falar nas reuniões. Depois o v. 36 continua a ideia do v. 33 de permitir que todos falem, dizendo: "Porventura credes que a palavra do Senhor veio a vós ou só a vós foi confiada?"

Experimentemos ler, passando do v. 33 ao 36 e veremos como a carta fica muito mais clara. Isso levou os exegetas a afirmar que os vv. 34-35 foram acrescentados posteriormente e não pertencem à carta original de Paulo. Isso não significa que não sejam inspirados, que não sejam Palavra de Deus. São. Não refletem, porém, o genuíno e autêntico pensamento de Paulo. Foram agregados décadas mais tarde, quando os excessos de algumas "pregadoras" pouco instruídas, que disseminavam doutrinas errôneas, aconselhavam fazê-las calar.

Vê-se que podiam falar

O terceiro texto que se apresenta contra Paulo é aquele que manda as mulheres orarem e profetizarem em público com um véu na cabeça (1Cor 11,3-10).

Antes de tudo, notemos como Paulo, mesmo que seja com véu, permite que as mulheres rezem e falem nas assembleias litúrgicas. Isso confirma que a passagem anterior, que o proibia, é um acréscimo de outra mão.

Agora bem, dar um papel ativo na liturgia era uma postura totalmente revolucionária já que nas sinagogas judaicas a presença da mulher não tinha importância alguma. Por exemplo, para começar a oração exigia-se a presença de dez pessoas, no mínimo. Mas não se contavam as mulheres. E, se alguma estivesse presente, não podia explicar as Escrituras, nem falar, nem orar em voz alta. Assentava-se no fundo do templo para não molestar os homens.

Por isso a permissão de Paulo para que a mulher cristã falasse e rezasse nas reuniões litúrgicas, assim como o homem, era uma novidade incrível.

O véu é o de menos

Com relação ao véu, na cultura judaica o cabelo da mulher era provocativo e não era bem-visto, quando solto. Ao contrário, o cabelo solto caracterizava as mulheres de má vida, como se vê no episódio evangélico da pecadora pública que banha dos pés de Jesus com suas lágrimas e os seca com seus cabelos (Lc 7,38). Inclusive a Lei judaica ordenava que soltassem os cabelos da mulher sob suspeita de adultério, como sinal de seu pecado (Nm 5,18).

Quando os primeiros cristãos começaram a se reunir para orar a Jesus, havia entre eles mulheres não judias para as quais não havia nada demais usar o cabelo solto. No entanto, para não ferir a suscetibilidade dos judeus, deu uma norma prática às mulheres: cobrir a cabeça com um véu.

Mas para evitar a menor suspeita de menosprezo à mulher, acrescenta: "Entretanto, não há mulher sem homem, nem homem sem mulher, no Senhor. Porque, assim como a mulher procede do homem (segundo o relato de Adão e Eva), assim também o homem vem à existência pela mulher e tudo vem de Deus" (1Cor 11,11-12).

Um último argumento

Por fim resta-nos lembrar que todos os biblistas hoje sustentam que a "Carta de Paulo a Timóteo", citada no início e que se lê nos casamentos, não é dele, mas sim de um discípulo seu. Com isso cai o último argumento antifeminista contra Paulo.

Jesus teve para com a mulher um trato preferencial, por encontrar-se ela submissa e postergada em sua cultura. Paulo, discípulo de Jesus, não podia ser diferente. Uma leitura atenta de suas cartas faz-nos descobrir nele um dos maiores defensores dos direitos da mulher e inclusive um feminista ousado, já que soube colocá-las em importantes e elevadas funções da Igreja de então, que de alguma forma superam inclusive o trabalho hoje confiado à mulher pela Igreja do século XX.

Quando se discute sobre o papel da mulher na Igreja de hoje, os escritos e as atitudes paulinas oferecem-nos um excelente fundamento para colocarmos o problema de uma mais plena incorporação da mulher nos ministérios eclesiais.

QUEM SÃO OS QUATRO CAVALEIROS DO APOCALIPSE?

O livro misterioso

Há dezenove séculos, um prisioneiro que se encontrava na ilha de Patmos, no mar Egeu, caiu em êxtase e teve visões extraordinárias. Seu nome era João e tudo quanto viu naquela oportunidade foi recolhido no livro do Apocalipse que hoje se encontra no final de nossas Bíblias.

O Apocalipse relata que nesse dia João contemplou uma porta aberta no céu e ouviu uma voz estridente que o convidava a subir para conhecer as coisas que estavam por acontecer (4,1). Ali ele pôde ver a Deus sentado em seu trono, com um livro enrolado em suas mãos (na época os livros eram, na realidade, largas tiras de papiro que depois se enrolavam) e fechado com sete selos.

Ficou pasmado. O que diria o livro? Por que tanto mistério? Poderiam ser abertos os selos? De repente, diante de seu olhar atônito, os selos foram soltando-se, um a um, e à medida que o rolo se abria foi contemplando o impressionante segredo que ele continha.

Os quatro cavaleiros

O que viu aquele homem, prisioneiro na ilha penal romana por defender a fé em Cristo? Ele o conta com imagens misteriosas e símbolos enigmáticos, próprios do gênero apocalíptico. Daí a dificuldade em interpretá-los. Mas, se prestarmos atenção, veremos que é possível descobrir o que ele quis nos dizer com essa visão.

O que nos interessa agora é a abertura dos quatro primeiros selos. Aqui João viu aparecer uns cavaleiros com características amedrontadoras, montados em cavalos. São os famosos quatro cavaleiros do Apocalipse (6,1-8). Desde antigamente, todos os biblistas, exegetas, comentaristas e simples leitores têm procurado decifrar esse enigma e têm proposto as mais diversas explicações.

A maioria está de acordo que os quatro cavaleiros representam horríveis desgraças que cairiam sobre a humanidade. Mas, de que calamidades se trata? Quando acontecerão? Quem haverá de sofrê-las? A esse respeito não há consenso.

Opiniões diferentes

Muitos sustentam que o primeiro cavaleiro, com um arco na mão, anunciava o drama da primeira guerra mundial; e os outros três seriam a peste, a fome e a morte que ela trouxe como consequência. Outros, mais dramáticos ainda, afirmam que essa visão se refere a uma terceira guerra mundial, dentro de pouco tempo, assim como à fome e às enfermidades que provocará. E não falta quem creia que os quatro cavaleiros simbolizam muito mais os cataclismos horríveis que acontecerão no final dos tempos.

Mas, o que há de certo em tudo isso? Antes de responder levemos em conta que ninguém pode interpretar o Apocalipse como bem lhe parecer. Não se trata de um livro caótico, de onde cada qual pode tirar a interpretação que se lhe ocorrer. Se o autor ocultou sua mensagem com figuras e símbolos, também nos deixou a chave para descobri--la. Devemos, pois, perguntar a ele mesmo a explicação.

O primeiro cavaleiro

Leiamos, agora, o Apocalipse. Quem abre os quatro selos é Jesus Cristo, sob a imagem de um cordeiro: "Assim que o Cordeiro abriu o primeiro dos sete selos, vi e ouvi um dos quatro seres vivos que dizia com voz de trovão: 'Vem!' Olhei e vi um cavalo branco e quem o montava tinha um arco. Foi-lhe dada uma coroa e ele partiu vencedor para tornar a vencer" (6,1-2).

Quem é esse estranho cavaleiro que aparece em primeiro lugar? Adiantemos já a resposta: é o próprio Jesus Cristo. Como podemos descobri-lo? Pelas características que o autor nos dá.

De fato, diz-se que ele aparece depois de ouvir o grito: "Vem!" E essa era a oração que os primeiros cristãos faziam todos os dias, pedindo a imediata volta de Cristo, como se lê no Apocalipse: "E o Espírito e a Esposa dizem: 'Vem!' E quem escutar diga: 'Vem!' (22,17). E mais adiante pede-se: 'Vem, Senhor Jesus!'" (22,20). Ou seja, aquele que aparece depois do chamado "Vem!" não pode ser outro senão o Senhor Jesus.

Além disso, no Apocalipse o verbo vir se aplica permanentemente a Cristo. Dá-se-lhe o título de "o que vem" e se repete que "vem logo" (1,4.7.8; 2,5.16; 3,11; 4,8; 16,15; 22,7.11). Portanto, o imperativo "vem" dá-nos a chave para descobrir a mensagem.

Cor simbólica

Mas há outros detalhes que podem ajudar-nos. Esse primeiro cavaleiro vem montado num cavalo branco.

Que significado tem a cor branca no Apocalipse? Se fizermos uma análise veremos que sempre é utilizado para as coisas próprias de Deus. Por exemplo, nos 24 anciãos que estão vestidos de branco, no céu (4,4). Nos exércitos do céu que têm vestes brancas (19,14). Em todos os que foram salvos, que usam túnicas brancas (6,11; 7,9). Também Jesus Ressuscitado tem cabelos brancos (1,14) e está assentado sobre uma nuvem branca (14,14). E diz-se que àquele que perseverar até o fim ser-lhe-á dado uma veste branca (3,4.5) e uma pedra branca com seu nome (2,17). Da mesma forma Deus se assenta no céu sobre um trono branco (20,11).

Portanto, se no Apocalipse o branco simboliza sempre a salvação, a vitória, o triunfo final, e nunca é empregado para as potências malignas nem destruidoras, quem monta o cavalo branco tem de ser alguém da esfera divina.

O arco

Outra chave que pode ajudar-nos a identificá-lo é o arco. No Antigo Testamento o arco e as flechas são uma característica de Deus, um símbolo de seu juízo e decisões.

Encontramos um exemplo no Livro das Lamentações, onde se diz: "Como inimigo retesou seu arco, alçou a mão direita" (2,4). Também nos Salmos se lê: "Então o Senhor trovejou nos céus e o Altíssimo fez ressoar sua voz: granizo e carvões ardentes. Disparou suas flechas e as dispersou, multiplicou os raios e os disseminou" (18,14). O pobre Jó se queixa: "Vivia eu tranquilo, quando me esmagou, agarrou-me pela nuca e me triturou. Fez de mim seu alvo. Suas flechas zuniam em torno de mim..." (16,12-13), "fará chover o fogo de sua ira" (20,23), "será atravessado pelo bronze do arco" (20,24). E Ezequiel, profetizando contra os pecadores, anunciava: "Quando eu atirar contra vós as setas malignas da fome, portadoras da destruição, que eu lançarei para vos destruir..." (5,16). O profeta Habacuc igualmente: "Desnudas o teu arco, sacias de flechas a sua corda" (Hab 3,9).

Os leitores do Apocalipse, conhecedores do Antigo Testamento, podiam facilmente descobrir, nesse cavaleiro com um arco, alguém que vem em nome de Deus.

A coroa

Também a coroa, característica exclusiva desse cavaleiro, nos dá uma pista. Era o atributo dos reis e um sinal de vitória.

Também os 24 anciãos que estão no céu têm coroas de ouro (4,4). E a mulher resplandecente que João viu no céu, vestida de sol e com a lua sob seus pés, estava coroada de estrelas (12,1). E o Filho do Homem que julga do céu, a leva igualmente (14,14).

E se for pouco, o Apocalipse diz que todos os cristãos levam uma coroa sobre suas cabeças e que ninguém poderá arrebatá-las (3,11), porque são reis neste mundo (1,6; 5,10) e reinarão pelos séculos dos séculos (22,5).

Se no Apocalipse os que têm coroa são geralmente personagens da parte de Deus, o primeiro cavaleiro deve ser também alguém vindo da parte de Deus.

O vencedor

Por fim se diz que "partiu vencedor para tornar a vencer". Quem pode ser esse que triunfa com tanta facilidade?

Mais uma vez o Apocalipse nos dá a solução: o verbo vencer, que aparece 17 vezes neste livro, sempre é utilizado para expressar o triunfo do bem sobre o mal, de Deus sobre o pecado. De fato, diz-se que os cristãos são "vencedores" (2,7.11.17), que Cristo é "vencedor" (3,21), que o Leão de Judá é "vencedor" (5,5), que o Cordeiro de Deus é "vencedor" (17,14).

Pois bem, põe-se maior ênfase ainda nesse cavaleiro, já que se menciona duas vezes o verbo vencer. Não é certo, pois, que esse cavaleiro represente o triunfo do mal, da dor, do sofrimento ou do poder maligno.

A segunda aparição

Resta ainda um último argumento para identificarmos o primeiro cavaleiro. Quase no fim do livro João, numa nova visão, vê aparecer um personagem semelhante: "Vi o céu aberto e eis um cavalo branco". E desta vez nos dá sua identidade: "Quem o montava chamava-se Fiel e Verdadeiro e é com justiça que julga e faz guerra. Seus olhos são como chamas de fogo, traz na cabeça muitos diademas e tem um nome escrito que ninguém conhece, só ele mesmo. Está vestido com um manto tinto de sangue e seu nome é Verbo de Deus" (19,11-13).

Sem dúvida é possível reconhecer aqui o Cristo Ressuscitado, vencedor da morte.

Pois bem, a menos que queira nos confundir, João não pode empregar a mesma figura e referir-se a dois personagens diferentes. Os elementos de uma visão devem servir para aclarar as outras. Portanto, o cavaleiro do cavalo branco, do capítulo 19, tem de ser o mesmo que o cavaleiro do capítulo 6: Jesus Ressuscitado.

Os outros três cavaleiros

Uma vez esclarecido o mistério do cavalo branco, fica fácil analisar os outros três: "Quando abriu o segundo selo, ouvi o segundo ser vivo, que dizia: 'Vem!' Saiu outro cavalo, cor de fogo, e a quem o cavalgava foi concedido desterrar a paz da terra para que os homens degolassem uns aos outros. Também lhe foi dada uma grande espada" (6,3-4).

Esse segundo cavaleiro simboliza, evidentemente, a guerra com seus efeitos cruentos e dolorosos. De fato, no Apocalipse a cor vermelha significa efusão de sangue, fala-se de "desterrar a paz", de "degolar uns aos outros" e se menciona a espada, sinônimo de violência.

Continua o relato: "Quando abriu o terceiro selo, ouvi o terceiro ser vivo, que dizia: 'Vem!' Olhei e eis um cavalo preto, e quem o montava tinha uma balança na mão. Ouvi alguém no meio dos quatro seres vivos que dizia: 'Uma medida de trigo pelo salário de um dia, mais três medidas de cevada pelo mesmo preço'" (6,5-6).

Todos os biblistas estão de acordo que esse cavaleiro negro (símbolo fúnebre) representa a fome, a carestia, o racionamento da comida, como se deduz da balança e dos preços altíssimos que anunciam.

Finalmente conclui: "Quando abriu o quarto selo, ouvi a voz do quarto ser vivo, que dizia: 'Vem!' Olhei e vi um cavalo baio e quem nele montava tinha por nome Morte e o inferno o seguia" (6,7-8).

Também esse é fácil de ser identificado, pois o próprio texto o diz expressamente: simboliza a morte. O "inferno" que se menciona é o mundo do mais além, os infernos.

A mensagem escondida

O que Jesus quis dizer-nos com essa visão, transparente para todos os leitores de sua época, mas estranha e difícil para nós hoje?

Para entendê-la levemos em conta que, conforme a crença judaica, quando chegasse o Messias, no final dos tempos, ele viria acompanhado de fenômenos estranhos e catástrofes. E, embora não se estivesse muito seguro sobre os detalhes, havia certa lista, um catálogo padrão de desastre e açoites que se desencadeariam sobre a terra. Todo judeu estava familiarizado com esses cataclismos, que viriam nos últimos tempos juntamente com o Messias.

Jesus também sabia disso. Por isso ao pronunciar seu sermão sobre o fim do mundo utilizou esse catálogo tradicional e disse que a chegada do Messias seria acompanhada de guerras (Mt 24,6), fome (Mt 24,7) e morte (24,9). Mencionou ainda outros dois sinais: perseguições (Mt 24,16) e distúrbios cósmicos (Mt 24,29). No total, cinco cataclismos.

Faltam cavalos

Pois bem, o Apocalipse de João quer dizer-nos que o Messias já havia chegado. É Jesus Cristo. Por isso se vê toda a criação do Antigo Testamento invocando-o: "Vem!" (os quatro seres no Apocalipse representam a criação). E então ele aparece montado num cavalo branco (primeiro cavaleiro).

Mas João pretende anunciar algo mais. Com a morte e ressurreição de Cristo entramos nos últimos tempos. Por isso, ao abrir-se os outros selos, ele vê aparecer simbolicamente a guerra (segundo cavaleiro), a fome (terceiro cavaleiro) e a morte (quarto cavaleiro), fenômenos que deviam acompanhar sua chegada.

De onde João "tirou" essa visão? Tem como base uma profecia de Zacarias (1,8-15), na qual ele vê aparecer quatro cavalos coloridos com cavaleiros, anunciadores de cataclismos para os últimos tempos. João a reproduz para dizer que, com a vinda de Cristo, cumpriu-se essa profecia e já entramos nos últimos tempos.

Pois bem, ao aparecer Cristo, montado no primeiro cavalo, restavam, para o autor, apenas três cavalos para os sinais. E os cataclismos eram cinco. Então, para não deformar a visão de Zacarias, acrescentou aos quatro cavalos mais dois selos. Assim, ao abrir-se o quinto, viu perseguições (Ap 6,9-11); e ao abrir-se o sexto, as convulsões cósmicas (Ap 6,12-14).

Nenhuma desgraça

João, portanto, para garantir-nos que Jesus Cristo é o autêntico e verdadeiro Messias, conta que, com sua morte e ressurreição, realizaram-se, em forma de cavaleiros simbólicos, os cataclismos esperados.

Portanto não devemos esperar nenhuma calamidade mais adiante. Os quatro cavaleiros do Apocalipse não anunciam desgraças futuras. Indicam simplesmente que Jesus Cristo, o Messias, já veio e está conosco e os sinais simbólicos que o confirmam.

Não esquecer o primeiro

Além dessa mensagem o Apocalipse sugere-nos uma bela reflexão. É frequente comprovar ao nosso redor os fatos dolorosos que nos rodeiam. Antes de tudo a violência, com suas formas mais dramáticas e traiçoeiras. Gente que se odeia e se lastima (como incitados pelo segundo cavaleiro).

Não somente isso. Os homens não se respeitam, violam seus direitos, cometem-se todas as espécies de abuso.

E, como consequência, ouve-se clamar contra a fome e contra a justiça (a ação do terceiro cavalo).

E se fosse pouco, outras calamidades, como as enfermidades, as pragas, as mentiras e ofensas se acumulam impiedosamente. São as pequenas e grandes mortes cotidianas (como no quarto selo).

É verdade que esse amargo e impressionante cortejo de males cavalga de modo selvagem entre nós. O autor do Apocalipse confirma-o com a eficaz imagem dos cavalos. Mas quando chegarmos a essa triste comprovação, não devemos esquecer-nos de um detalhe: em nossa história cavalga também um cavalo branco que saiu primeiro, uma força positiva, que por ser anterior pode vencê-las e eliminá-las.

Jesus Cristo é uma força real, um poder "vencedor", que terminará vencendo. Por isso, diante de todos os males, por mais dramáticos que sejam, não devemos desesperar-nos. Cristo está presente e ativo, cavalgando ao nosso lado, acompanhando nossos problemas desde o início da história. E tem a promessa de ser o "Vencedor".

O mundo jamais escapará de suas mãos.

NO FIM DO MUNDO, JESUS REINARÁ MIL ANOS SOBRE A TERRA?

Quando aprisionarem Satanás

O Apocalipse está infestado de visões estranhas. Mas uma das mais difíceis de interpretar talvez seja a que aparece no capítulo 20, sobre o "reinado dos mil anos".

A visão conta que, ao chegar o fim do mundo, Jesus Cristo voltará à terra. Então, diz o Apocalipse, acontecerão fenômenos; Satanás será acorrentado e os mortos ressuscitarão. Não todos, porém. Mas sim os bons, os que se comportaram cristãmente em sua vida.

E aqui vem o surpreendente anúncio deste livro: os bons reinarão sobre a terra com Cristo durante mil anos, tranquilos, desfrutando, sem os sobressaltos do Diabo.

Surge, a essa altura, uma pergunta: o que farão durante esses mil anos os que ressuscitam? O Apocalipse não o diz. Guarda silêncio sobre o tema. Esse longo e estranho período de tempo, porém, excitou a imaginação dos cristãos, desde épocas muito antigas.

Para completar o Apocalipse

Assim, nos primeiros séculos, os cristãos, que sofreram tantas perseguições e tormentos para conservar a fé, pensavam que durante esses mil anos Deus lhes permitiria desforrar e gozar na terra, antes de subir aos céus, de todos os prazeres e alegrias das quais se viram privados em sua vida por serem fiéis à sua fé.

Mas, que espécie de gozos teriam nesses mil anos? Já não havia acordo sobre isso. Os mais moderados interpretavam-no como um tempo de gozos espirituais. Os mais radicais, pelo contrário, imaginaram uma época em que poder-se-ia fazer de tudo e nada seria pecado. E conceberam, assim, mil anos de banquetes exóticos, prazeres refinados e orgias, temperados com ideias extravagantes, grotescas e até de mau gosto, como por exemplo, o fato de poder vingar-se com furor de todos os inimigos, ou ter quantas mulheres quisessem.

E então sim, continua dizendo o Apocalipse, depois de viver esses mil anos com Cristo na terra, todos os demais mortos ressuscitarão, virá o juízo final e cada qual será enviado ao destino eterno que mereceu.

Os primeiros cristãos que interpretavam esses mil anos de vida sobre a terra como um fato histórico e real, tanto os moderados como os descomedidos, são hoje chamados de "milenaristas".

Usada pelas seitas

No início da era cristã essa interpretação do Apocalipse teve um enorme êxito. Mas pouco a pouco os abusos que daí vieram, e especialmente as conclusões imprudentes da corrente mais desenfreada, foram desprestigiando-a e fazendo com que perdesse a popularidade, até que, a partir do século IV, a Igreja praticamente a abandonou.

Mas ainda assim, certo milenarismo moderado sempre se manteve vivo na Igreja. Por isso em todas as épocas da história existiram cristãos que esperavam, no final dos tempos, uma ressurreição unicamente dos justos e um reino de mil anos com Cristo, na terra, com gozos e felicidade espiritual e sem sofrimento algum. A tal ponto que em pleno século XX e mediante um decreto de 21 de julho de 1944 a Igreja teve de proibir seu ensinamento por considerá-lo perigoso.

A doutrina milenarista, contudo, perdura ainda e se propaga entre nós devido à pregação das seitas. É frequente, por exemplo, ouvir os Adventistas, os Mórmons, os Testemunhas-de-Jeová, em suas visitas casa por casa, pregar sobre o Paraíso de mil anos que os espera aqui na terra no final dos tempos, todos os integrantes de suas seitas.

O texto em questão

Se Apocalipse 20 não deve ser entendido literalmente, isto é, não se deve tomar como fato histórico, que sentido tem, então, o do Reino de mil anos?

Para interpretá-lo melhor vejamos o que diz o texto: "Ele (um anjo) pegou o dragão, a serpente antiga, que é o Diabo, Satanás, e o acorrentou por mil anos" (20,2). "Lançou-o no abismo e o fechou, pondo em cima um selo, para já não extraviar as nações até o fim dos mil anos, depois será solto por pouco tempo" (20,3). "Vi as almas dos que tinham sido degolados por causa do testemunho de Jesus e da Palavra de Deus... Receberam a vida e reinaram com Cristo mil anos" (20,4). "Os outros mortos não voltaram a viver antes de terminarem os mil anos. Esta é a primeira ressurreição" (20,5). "Felizes e santos os que tiverem parte na primeira ressurreição. Sobre eles não terá força a segunda morte. Serão sacerdotes de Deus e de Cristo e com ele reinarão mil anos" (20,6). "Terminados os mil anos, Satanás será solto da prisão" (20,7).

Que são os "mil anos"?

Qualquer leitor da Bíblia sabe que o Apocalipse é um livro simbólico. E dentre os símbolos mais frequentes que ele utiliza, está o simbolismo dos números. Em nenhum outro livro do Novo Testamento os números têm um papel tão importante como no Apocalipse.

Por isso os biblistas sustentam que também estes "mil Anos" são uma cifra simbólica, mais do que uma quantidade real de tempo.

E que significado teria o símbolo dos "mil anos"? Respondem os exegetas, dizendo que não representam uma época que se aguarda para o futuro mas sim um símbolo que se refere a toda a vida da Igreja. Ou seja, a um espaço de tempo que vai desde a primeira vinda de Jesus ao mundo até sua segunda vinda, seja qual for o tempo de sua duração.

Para a vida de Adão e Eva

Mas, por que o autor simboliza com mil anos todo o tempo que durará a Igreja? Algum sentido especial deveria ter para que o autor o citasse seis vezes em apenas seis versículos.

De fato, ele o tinha. Os judeus criam que Adão e Eva teriam alcançado cerca de mil anos de vida no Paraíso terrestre. Por quê? Por uma interpretação curiosa do Gênesis. Quando Deus colocou Adão no Paraíso, afirma que o proibiu de comer da árvore da ciência do bem e do mal, dizendo-lhe: "no dia em que o fizeres serás condenado a morrer" (2,17).

Acontece, porém, que Adão comeu da árvore e não morreu esse dia. Como era possível? Acaso Deus faltou à sua promessa? Depois de muito buscar na Bíblia, os judeus vieram com uma citação do Salmo 90,4 onde se diz que para Deus "mil anos são como um dia".

Portanto, Deus não faltara à sua promessa. Fez Adão morrer no mesmo dia que pecou. Mas, segundo a duração de um "dia de Deus", que é de mil anos. Por isso, os judeus seguiam dizendo que o Gênesis afirma que Adão viveu apenas 930 anos (5,5), isto é, que morreu dentro daquilo que é um dia para Deus.

111

Os "mil anos" do Messias

Pois bem, a tradição judaica esperava que quando viesse o Messias, ele inauguraria novamente o Paraíso que ficou frustrado e o abriria de novo para os homens. Por isso muitos profetas (como Isaías 11,1-9; 65,22-25 e Amós 9,13-15) contam que no final dos tempos a terra voltará a ser o Paraíso como era antes.

E quanto duraria este novo Paraíso, reaberto pelo Messias? Os judeus respondiam: mil anos, da mesma forma que o anterior.

Entende-se, pois, que João, o autor do Apocalipse, por ser herdeiro dessa maneira de pensar dos judeus, falasse do tempo presente da Igreja como "mil anos". Levando em conta essas profecias, queria afirmar que, com a vinda de Jesus, de modo especial com sua morte e ressurreição, inaugurou-se uma nova época no mundo, a definitiva.

E ao dizer que essa época presente é de "mil anos", seus leitores entendiam muito bem, em linguagem simbólica, que já estamos nos tempos do novo Paraíso e que Jesus é o Messias esperado pelos judeus.

Satanás acorrentado?

Mas essa interpretação do "Reino de mil anos", como todo o tempo que durar a história da Igreja, comporta várias objeções. A primeira é que, conforme Apocalipse 20, durante esses mil anos Satanás estará acorrentado. Pode-se dizer que atualmente Satanás (isto é, o mal) está acorrentado? Nós constatamos que não. Que o mal continua eficazmente em nosso mundo.

Sim. Pode ser que essa seja nossa experiência. Mas não nos esqueçamos que o Apocalipse pretende oferecer-nos a verdadeira visão do tempo presente, isto é, a que não se vê pelas aparências, mas sim que só se descobre com os olhos da fé. E para João, a vinda de Cristo ao mundo significa a derrota do Diabo (isto é, o mal), que ficou aprisionado por alguém mais forte do que ele.

Jesus mesmo contou uma parábola, três vezes conservada nos Evangelhos (Mt 12,29; Mc 3,27; Lc 11,22), sobre um homem forte (Satanás), em cuja casa entra um homem que é mais forte (Jesus). Ele o amarra e rouba-lhe seus bens (os homens). Ou seja, que também Jesus ensinou que com sua vinda ao mundo para redimir os homens, deixou Satanás amarrado, isto é, abatido, não tendo o mesmo poder de antes.

Os mortos ressuscitarão?

Outra objeção se impõe. Apocalipse 20 afirma que para esse Reino de mil anos reviverão todos os mortos e reinarão mil anos com Cristo. Isso também já se realizou no presente?

Sim. O próprio Apocalipse afirma várias vezes que os cristãos já estão vivendo agora a salvação eterna. Já estão julgados e portanto não têm nada a temer. Mantendo-se fiéis ao Senhor todos os dias, já estão ressuscitados. Sua sorte está assegurada. Já começaram a viver a vida eterna (que depois se prolongará após a morte).

Portanto, o Apocalipse não se refere à ressurreição física dos mortos, mas sim à nova vida que desde já experimentam todos quantos creem em Cristo e que é uma verdadeira ressurreição. É o mesmo que diz o Evangelho de João: "Quem escuta minha palavra e crê naquele que me enviou, tem a vida eterna e não é julgado porque passou da morte para a vida" (5,24; 6,47).

Por isso o Apocalipse diz que se trata da "primeira ressurreição" (20,5). A que estamos saboreando já aqui.

Realizou-se o julgamento?

A terceira dificuldade para entender o Reino de mil anos como o tempo presente está em que, segundo lemos no Apocalipse 20, durante esse tempo haverá pessoas que se sentarão sobre tronos, e às quais se dará poder de julgar. Quem são esses juízes, e quando começarão a julgar?

De novo, o Apocalipse é que responde: os fiéis cristãos que perseveram cada dia na Palavra de Deus são juízes desde já. E agora mesmo julgam, porque com a vinda de Cristo começa também o juízo do mundo (11,15.18).

Esse juízo não é ainda o "juízo final", que virá com o fim do mundo. Por isso não se fala aqui de nenhuma acusação, nem de nenhum veredito. Trata-se de que os cristãos, com sua boa conduta, servem de juízes àqueles que vivem afastados de Deus e da verdade. Esse é o juízo que Cristo já trouxe (Ap 15,4) e ao qual estão ligados todos os cristãos.

Satanás voltará a atacar?

Resta uma última dificuldade. Apocalipse 20 afirma que quando os mil anos se acabarem, Satanás será solto de sua prisão e sairá para seduzir e tentar todas as nações (20,7).

Se os mil anos são o período atual que vai da ressurreição de Cristo até o fim do mundo, quer dizer que quando chegar o fim do mundo começará uma nova época, marcada por uma grande ofensiva de Satanás? O que se passou com as amarras de Cristo? Não foram muito eficazes?

Para compreender esse último detalhe convém ter presente uma advertência feita por todos os exegetas. A cronologia do Apocalipse não é igual a cronologia dos demais livros. Descobriu-se que suas visões não seguem uma ordem sucessiva, nem devem ser tomadas na ordem em que estão contadas. Não nos esqueçamos que João está "em êxtase" (1,10), e portanto o passado, presente e futuro se misturam permanentemente em suas descrições.

Isso se nota em todos os parágrafos. Quando acaba de contar uma visão e começa uma nova, o leitor descobre que é a mesma que a anterior, mas desde um ponto de vista diverso e que traz uma riqueza nova. A maioria das descrições do Apocalipse, portanto, estão sobrepostas. Ao repetir as mesmas visões, mas como palavras novas, o autor encontrou uma maneira de expressar a imensa riqueza da revelação de Deus, com a pobreza das palavras humanas.

O mesmo, sob outro ângulo

Voltemos agora ao texto. No final dos mil anos, Satanás será solto. O que significa isso?

Simplesmente que o autor voltou ao começo do relato. Aparentemente ele começa uma nova etapa em que Satanás permanece sem amarras. Na realidade, porém, é a mesma etapa do Reino dos mil anos, só que a partir de outro enfoque. É um relato sobreposto. Por meio dele pretende contemplar a outra face da verdade e completá-la.

Porque é também real que Satanás, o poder do mal, ainda ameaça os crentes. Sua sombra paira ainda sobre o mundo. Não está total e definitivamente derrotado. Por isso os cristãos devem evitar as posturas angelicais, a tentação triunfalista e viver em permanente estado de alerta frente à sua atividade.

Isto é, Apocalipse 20 apresenta, como se fossem cenas sucessivas, duas realidades simultâneas, o único tempo presente que é, por vezes, tempo de graça e de pecado, de Satanás aprisionado e operante, de Paraíso e de perigos. Ou seja, o tempo de muitas lutas e certas sombras que começaram com a Páscoa.

Completar o Paraíso

O autor do Apocalipse adverte-nos que, com a vinda de Jesus ao mundo, começaram os mil anos do Paraíso desejado. Nós não vemos de modo claro, mas é possível descobri-lo com a fé, a mesma que ajudou-lhe a vê-lo.

Nesse Paraíso as forças de Satanás estão enfraquecidas diante do poder de Jesus Cristo, os cristãos experimentam uma nova vida como ressuscitados; e sua conduta serve de paradigma para julgar os outros.

Mas se Jesus começou o Paraíso, Ele não o instaura sozinho. Todos os cristãos devem trabalhar para que ele apareça, para que seja notado, visto. Não se pense em alegrar a Deus, fazendo aparecer no mundo todos os prazeres e encantos com que sonhavam os milenaristas. Nós devemos ir transformando este mundo presente que sofre, chora e padece terríveis desgraças, no Paraíso que Jesus inaugurou, mas que ainda não aparece por culpa dos cristãos.

Para muitas seitas este mundo está condenado à perdição. Não tem remédio. Resta apenas cada qual se salvar como puder, fugir dele. Para os católicos, o mundo está por transformar-se ainda. Cristo inaugurou uma nova época e nós devemos estabelecê-la de forma total.

Estamos nos dias do Messias, nos dias do Senhor, nos dias do Paraíso. De nós depende que seja realidade ou não.

PERGUNTAS SOBRE OS TEMAS BÍBLICOS PARA REFLEXÃO E DISCUSSÃO EM GRUPO

O Diabo e o demônio são a mesma coisa?

1) O que em geral se entende por Diabo ou demônio? Que características e possibilidades a mentalidade popular lhe confere?

2) Para a Bíblia, quem são os demônios?

3) Para a Bíblia, quem é o Diabo?

4) Quais são as principais diferenças entre eles?

5) Que vantagem traz para o fiel esta diferença?

6) Na Igreja, que mudanças se notam em relação à figura do Diabo?

Adão e Eva existiram realmente?

1) Quais são as teorias científicas atuais sobre a origem do homem?

2) Elas opõem-se ao que ensina a Bíblia? Por quê?

3) O que quis o autor bíblico ensinar ao dizer que o homem é de barro, mas que tem um sopro de Deus? Que consequências podemos tirar disso agora?

4) O que quis ensinar o autor bíblico quando diz que os animais não são um auxiliar correspondente ao homem? Como podemos aplicar isso hoje?

6) O que o autor bíblico quis ensinar quando diz que a mulher foi criada da costela do homem? O que quer ensinar-nos hoje?

No início do mundo houve um Paraíso terrestre?

1) Assim como o javista descobriu uma lista de males que afligiam sua sociedade, qual seria a lista dos males que descobrimos em nossa época?

2) O javista não quis atribuí-los diretamente a Deus. E nós, a quem costumamos atribuir os males que sofremos?

3) O javista elaborou um Paraíso, a sociedade ideal que deveriam estar vivendo. Como seria o Paraíso que deveria ver-se em nossa sociedade?

A Torre de Babel: qual a sua mensagem?

1) Quantos relatos distintos estão incluídos na narração da Torre de Babel?

2) Que elementos nos permitem reconhecê-los?

3) Quais as etapas pelas quais passou esse relato?

4) Que aspectos de nossa sociedade estão sendo levados a cabo ou construídos de costas para Deus?

Em que língua Jesus falava?

1) Por que na época de Jesus deixou-se de falar o hebraico? Para que se empregava?

2) Como podemos saber que se falava o aramaico? Que expressões de Jesus relembram isso?

3) Por que a linguagem de Pedro delatou-o como discípulo de Jesus?

4) Que linguagem os cristãos devem empregar para que sejam reconhecidos como discípulos seus?

Jesus mandou que amássemos os inimigos?

1) Quantas palavras diferentes se empregam, no grego bíblico, para expressar "amor"?

2) Que diferença há entre elas?

3) Qual a palavra que Jesus emprega para ordenar o amor aos inimigos?

4) Que características deve ter o amor cristão para com os inimigos?

5) Reconhecemos que temos agora algum inimigo? Como nós o tratamos?

Quando foi a última ceia de Jesus?

1) Segundo os sinópticos e São João, quando Jesus celebrou a última ceia? Por que diferem?

2) Que argumentos desaconselham colocar todos os elementos da paixão um dia antes de sua morte?

3) Conforme o novo calendário, como se distribuiriam os acontecimentos da paixão?

4) Que características da paixão podemos realçar melhor segundo esse calendário?

São Paulo era antifeminista?

1) Qual era a situação da mulher na época de Jesus e de Paulo?

2) À primeira vista, qual a imagem que se depreende de certas cartas de São Paulo sobre a mulher?

3) Na realidade, que transformações produziu e ensinou em suas cartas o apóstolo Paulo com relação à mulher?

4) Em nossa sociedade atual que atitudes discriminatórias contra a mulher podemos detectar? O que podemos fazer para modificá-las?

Quem são os quatro cavaleiros do Apocalipse?

1) Já ouvimos falar alguma vez dos quatro cavaleiros do Apocalipse? Que noções gerais tínhamos? De onde as tiramos?

2) Quem é o primeiro cavaleiro da lista? Como podemos identificá-lo?

3) Que significado têm para o autor os outros três cavaleiros?

No fim do mundo, Jesus reinará mil anos sobre a terra?

1) O que se entende por milenarismo? Como surgiu essa corrente na história da Igreja?

2) Que sentido têm os 1.000 anos no Apocalipse?

3) O que falta ao nosso mundo para que seja o período de 1.000 anos que o Apocalipse descreve?

ÍNDICE

Prólogo......5

O Diabo e o demônio são a mesma coisa?......7
Uma confusão generalizada......7
O que é um demônio?......8
As conquistas da medicina antiga......8
Quando aparece o demônio......9
E esclarecem que espécie de demônios......10
João e Jesus endemoninhados?......11
Quem é o Diabo?......12
Uma confusão perigosa......13
Por que ele não esclareceu?......14
Os demônios existem?......15
A atitude da Igreja......16

Adão e Eva existiram realmente?......19
Darwin e o Gênesis......19
A crença popular......20
Uma imagem com profissão......21
A solidão do homem......22
Companhias não correspondentes......23
As três mensagens......23
Por que dar nome aos animais?......24
Por que faz o homem dormir?......25
Eva e a costela......26
Por que andavam nus?......27
Um homem e uma mulher......28

No início do mundo houve um Paraíso terrestre?......29
Perguntas que incomodam......29
Podemos continuar acreditando nisso?......30
Amor e gravidez......31
O trabalho e os animais......32
Um Deus que dava medo......33
A grande descoberta......33

Nasce o Paraíso 34
O mundo como Deus manda 35
A proposta atraía 36
O Paraíso, esperança futura 37
Na direção de um novo Paraíso 38

A Torre de Babel: qual a sua mensagem? 39
Um castigo severo 39
Já havia explicação 40
As duas histórias 40
O pecado que não foi o de se afirmar 41
As intenções eram boas 42
Um relato de maravilhas 43
A mudança de sentido 44
Segunda etapa para a história 44
Zombarias contra a cidade 45
O terceiro significado 46
Como Babel, mas o inverso 47

Em que língua Jesus falava? 49
Uma falsa crença 49
As origens do hebraico 50
O fim do hebraico 50
A língua da sinagoga 51
A primeira língua de Jesus 52
Palavras reveladoras 53
O dialeto da traição 54
A segunda língua de Jesus 54
A terceira língua de Jesus 55
Diálogos sem tradutor 56
Jesus sabia escrever? 57
O verdadeiro idioma de Jesus 58

Jesus mandou que amássemos os inimigos? 61
Algo incrível 61
O amor sexual 62
O amor familiar 63
O amor de amigos 63
O amor caritativo 64

Pergunta pretensiosa.............65
Uma resposta humilde.............66
O que pede o mandamento.............67
Ele preferiu ilustrá-lo.............68
Perdão e esquecimento.............69
Iguais a seu Pai.............70

Quando foi a última ceia de Jesus? 71
A postura de São João.............71
A contradição dos outros três.............72
A solução: Qumrán.............72
A mudança do calendário.............73
Os dois tinham razão.............74
Impossível que comportasse tudo.............75
O longo processo romano.............76
A nova distribuição.............77
Um julgamento segundo a lei.............78
O silêncio dos dias.............79
O apoio da tradição.............79
Fiel até o fim.............80

São Paulo era antifeminista? 83
Para amargurar um casamento.............83
Com sentimentos machistas.............84
A mulher no mais baixo.............85
Paulo era casado?.............85
As mulheres de Paulo.............86
A exaltação da mulher.............87
Até no destinatário.............88
Chegar ao máximo.............88
Contra o matrimônio?.............89
Frases suspeitosas.............90
Vê-se que podiam falar.............91
O véu é de menos.............92
Um último argumento.............92

Quem são os quatro cavaleiros do Apocalipse? 95
O livro misterioso.............95
Os quatro cavaleiros.............96

Opiniões diferentes...96
O primeiro cavaleiro..97
Cor simbólica...98
O arco 98
A coroa 99
O vencedor...100
A segunda aparição...100
Os outros três cavaleiros......................................101
A mensagem escondida...102
Faltam cavalos...103
Nenhuma desgraça..104
Não esquecer o primeiro.......................................104

**No fim do mundo, Jesus reinará mil anos
sobre a terra?**...107
Quando aprisionarem Satanás................................107
Para completar o Apocalipse 108
Usada pelas seitas...109
O texto em questão 109
Que são os "mil anos"?...110
Para a vida de Adão e Eva 111
Os "mil anos" do Messias......................................112
Satanás acorrentado?...112
Os mortos ressuscitarão? 113
Realizou-se o julgamento?.....................................114
Satanás voltará a atacar? 115
O mesmo, sob outro ângulo 116
Completar o Paraíso..116

**Perguntas sobre os temas bíblicos para reflexão
e discussão em grupo**...119